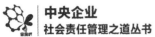
中央企业
社会责任管理之道丛书

中国建筑

品牌引领型
社会责任管理

《中国建筑：品牌引领型社会责任管理》编写组 编著

China State Construction Engineering Corporation
Brand-geared
Social Responsibility Management

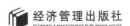

经济管理出版社
ECONOMY & MANAGEMENT PUBLISHING HOUSE

图书在版编目（CIP）数据

中国建筑：品牌引领型社会责任管理/《中国建筑：品牌引领型社会责任管理》编写组编著.——
北京：经济管理出版社，2020.8
　ISBN 978 - 7 - 5096 - 7406 - 2

　Ⅰ.①中… Ⅱ.①中… Ⅲ.①建筑企业—企业责任—社会责任—研究—中国 Ⅳ.①F426.9

　中国版本图书馆 CIP 数据核字（2020）第 153583 号

组稿编辑：申桂萍
责任编辑：魏晨红
责任印制：赵亚荣
责任校对：王淑卿

出版发行：经济管理出版社
　　　　　（北京市海淀区北蜂窝 8 号中雅大厦 A 座 11 层　100038）
网　　　址：www. E - mp. com. cn
电　　　话：（010）51915602
印　　　刷：三河市延风印装有限公司
经　　　销：新华书店
开　　　本：720mm×1000mm/16
印　　　张：9
字　　　数：125 千字
版　　　次：2020 年 8 月第 1 版　　2020 年 8 月第 1 次印刷
书　　　号：ISBN 978 - 7 - 5096 - 7406 - 2
定　　　价：56.00 元

总　序（一）

感谢读者朋友们对中央企业社会责任管理工作，对《中央企业社会责任管理之道》丛书的关注与支持！

习近平总书记深刻指出："企业在自身发展的同时，应该当好'企业公民'，饮水思源，回报社会，这是企业不可推卸的社会责任，也是构建和谐社会的重要内容。大量事实证明，只有富有爱心的财富才是真正有意义的财富，只有积极承担社会责任的企业才是最有竞争力和生命力的企业。重经济效益、轻社会效益的企业，甚或只顾赚取利润、不顾安全生产的企业，终究难以持续。"这一重要论述，充分阐明了履行社会责任对企业可持续发展的重要意义。

国有企业是中国特色社会主义的重要物质基础和政治基础，是党执政兴国的重要支柱和依靠力量。中央企业大多处在关系国家安全和国民经济命脉的重要行业和关键领域，是中国特色社会主义的重要物质基础和政治基础，在我国经济社会发展中发挥着不可替代的重要作用，履行社会责任可谓中央企业的"天职"。经过多年改革发展，中央企业规模不断扩大、活力不断增强、创造力不断提升，在履行社会责任方面更应走在前列、做出表率。

多年来，一大批中央企业大力开展社会责任工作，不仅做到了实践上有亮点、理论上有创新，同时还实现了形象上有升级、管理上有提升，形成了丰富多彩、成效显著的企业社会责任管理推进路径和做法，具备总结形成管理模式的条件。中央企业通过践行社会责任，走上与社会共同可持续发展之路，为我国全面建成小康社会和联合国2030可持续发展目标做出积极贡献；也通过企业社会责任管理的不断探索，在丰富全球企业管理理论方面做出了自己的独特贡献。

我们出版这套《中央企业社会责任管理之道》丛书，希望通过适时总结、分享中央企业的社会责任管理推进模式，起到以下几个方面的作用：一是通过系统总结分析，进一步推动中央企业提升社会责任管理工作；二是支持中央企业成为全球履行社会责任的典范，服务于建设"具有全球竞争力的世界一流企业"；三是为中央企业参与全球市场竞争奠定基础，成为高质量共建"一带一路"的表率；四是为其他企业开展社会责任管理工作提供有益借鉴，为全球可持续发展贡献来自中国企业的最佳实践。

丛书选取国家电网、中国建筑、华润集团等中央企业为代表，总结了这些企业各具特色的社会责任推进模式，包括《国家电网：双向驱动、示范引领型社会责任管理》《中国建筑：品牌引领型社会责任管理》《华润集团：使命驱动型社会责任管理》等。

未来，我们将持续总结其他中央企业的社会责任管理之道，与社会各界进行分享交流。希望大家一如既往地支持中央企业，共同推动中央企业社会责任管理迈上新台阶！

《中央企业社会责任管理之道》丛书编委会

2020年6月

总 序（二）

　　企业社会责任已成为新一轮经济全球化的重要特征。自 20 世纪初以来，全球企业社会责任的发展经历了 20 世纪 70 年代之前企业社会责任概念产生阶段，20 世纪 70 年代后至 20 世纪末的企业社会责任欧美共识阶段，自 2000 年新世纪以来，企业社会责任进入全球共识阶段。

　　自 2000 年以来，企业社会责任在中国发展迅速。中国企业社会责任的发展，由概念辩论走向基本共识，进而发展到企业社会责任管理阶段，与全球企业社会责任管理实现了快速同步。

　　2000～2005 年是现代企业社会责任概念的辩论阶段，社会各界对企业履行社会责任问题还处在争议的时期。2006～2011 年是中国企业社会责任基本共识阶段。在这个阶段，中国全过程参与社会责任国际标准 ISO 26000 的制定，并最终对 ISO 26000 投了赞成票。这个赞成票是在参与制定 ISO 26000 的六个利益相关方群体意见基础上最终决定的，这也是中国企业社会责任发展的利益相关方第一次全面达成共识。2012 年以来，中国企业社会责任管理实践蓬勃发展。

　　2006 年和 2012 年是中国企业社会责任发展的两个重要里程碑。2006 年可称为中国企业社会责任元年，其重要标志是新修订的公司法明确提出公司要承担社会责任，国家电网公司首份社会责任报告得到了时任总理温家宝的批示和肯定。2012 年可称为中国企业社会责任管理元年，其重要标志是国务院国有资产管理委员会（以下简称国务院国资委）将社会责任管理列为中央企业管理水平提升的 13 项重点措施之一，企业社会责任管理成为提升央企管理水平的重要内容。自此，中国企业社会责任进入社会责任管理发展的新阶段，众多中央企业开始了丰富多彩的企业社会责任管理探索和实践，打开了各类企业从履行社会责任到系统开展社会责任管理的新篇章。

企业社会责任管理

一般来说，企业社会责任管理是指企业有目标、有计划、有执行、有评估、有改进地系统性开展社会责任实践的活动；具体地说，是企业有效管理其决策和活动所带来的经济、环境和社会影响，提升责任竞争力，最大化地为利益相关方创造经济、环境和社会综合价值做贡献，推动社会可持续发展的过程。企业社会责任管理包括社会责任理念管理、生产运营过程的社会责任管理以及职能部门的社会责任管理。企业社会责任作为一种发展中的新型管理思想和方法，正在重塑未来的企业管理，具体体现在企业管理理念、管理目标、管理对象和管理方法等方面。

重塑企业管理理念。企业将由原来的股东（投资人）所有的公司转向由股东和其他企业利益相关方共同所有的公司；企业将由原来的盈利最大化或者股东利益/企业价值最大化转向追求兼顾包括股东在内的利益和诉求的平衡，追求经济、环境和社会综合价值的最大化和最优化，实现企业可持续经营与社会可持续发展多赢和共赢。

重塑企业管理目标。企业责任竞争力将会成为企业未来的核心竞争力。所谓企业责任竞争力就是企业在运用自身专业优势解决社会和环境可持续发展所面临的挑战和问题的同时还能取得良好的经济效益，其根本目标是服务企业、社会和环境的共同可持续发展，其本质是企业的决策和活动做到公平与效率的有机统一。

重塑企业管理对象。企业的管理对象由原来的集中于企业价值链对象的管理扩展到更广泛的利益相关方关系管理。特别重要的是将企业社会责任理念融入其中，从而形成企业各利益相关方的和谐发展关系，取得各利益相关方更大范围的认知、更深程度的认同和更有力度的支持。

重塑企业管理方法。在企业治理理念上，要创造更多的形式，让更多的利益相关方参与公司的重大决策，包括企业管理目标的制定。在生产运营各环节上，更加重视发挥更多利益相关方的作用，使他们能以各种方式参与到企业生产运营的各个环节中来，包括企业的研发、供应、生产、销售及售后服务等，使每个环节都最大限度地减少对社会、经济和环境的负面影响，最大限度地发挥正面效应。特别是通过不断加强对利益相关方的沟通及其关系的管理，企业能够更加敏锐地发现市场需求，能够更加有效地开拓无人竞争的、全新的市场空间和全新的商机。

中央企业社会责任管理推进成就

中央企业是我国国民经济的重要支柱，是国有经济发挥主导作用的骨干力量，履行社会责任是中央企业与生俱来的使命，全社会对中央企业履行社会责任有着更高的要求与期待。

国务院国资委高度重视中央企业社会责任工作，从政策指导、管理提升、加强沟通等方面全面推动中央企业履行社会责任。在国务院国资委的指导下，一批深耕企业社会责任管理的中央企业不仅做到了在理论上有创新，在实践上有亮点，同时还实现了管理上有升级、竞争力上有提升，推动企业社会责任管理发展进入新的境界。观察和研究发现，中国的一批一流企业通过探索社会责任管理推进企业可持续发展的新路径，形成了丰富多彩、成效显著的企业社会责任管理推进模式。

位列《财富》世界500强第三位的国家电网公司，经过十余年的持续探索，走出了一条上下驱动、示范引领的全面社会责任管理推进之道，全面社会责任管理的综合价值创造效应正在公司各个层面逐步显现。中国铝业公司全面应用社会责任国际标准 ISO 26000，走出了一条标准驱动型社会责任管理推进之道，建立起以负面清单和社会责任管理模块为特色的公司社会责任管理体系，正在助力公司建成具有国际竞争力的世界一流企业。全球最大的投资建设企业——中国建筑走出了一条品牌文化驱动型的社会责任管理推进之道，从开展社会责任品牌及理念管理出发，以社会责任理念重新定义企业使命，细化社会责任管理指标，通过职能部门管理落实到企业生产运营过程，形成了社会责任管理完整循环。作为与大众生活息息相关的多元化企业，华润集团走出了一条以使命为引领的履责之路，将使命作为社会责任工作的试金石，塑造责任文化、开展责任管理、推动责任践行，实现承担历史使命、履行社会责任和推动企业可持续发展的有机统一。此外还有中国移动社会责任主题驱动型社会责任管理推进之道，中国南方电网公司的战略驱动型社会责任管理推进之道，中国五矿集团最大化有利影响、最小化不利影响综合价值创造驱动型社会责任管理推进之道，中国核能电力股份有限公司的公众沟通驱动型社会责任管理推进之道，中国广核集团透明运营驱动型的社会责任管理推进之道，中国长江三峡集团有限公司公益管理驱动型社会责任管理之道等。我们欣喜地看到这些中国一流企业正在通过社会责任管理创新企业管理的历史。

"十三五"期间，中央企业中还会在此基础上形成一批社会责任管理体系较为完善的优秀企业；形成一批引领行业履行社会责任的优秀企业；形成一批模范履行社会责任、具有国际影响力的优秀企业。由此可以看到，中国企业社会责任管理正在中央企业的带动下，登上世界企业管理的历史舞台。

中国企业管理发展的历史机遇

企业社会责任是经济社会发展到一定历史阶段的产物，是经济全球化和人类可持续发展对企业提出的更多、更高和更新的要求，也是人类对企业提出的新期待。社会责任管理正是全球先锋企业在这一领域的新探索和新进展。

社会责任管理对全球企业来讲都是一个新课题。如果说改革开放以来，中国企业一直处于向西方企业不断学习企业经营管理理念和经验的阶段，那么，社会责任的发展提供了中国企业在同一起跑线上发展新型经营管理之道的难得机遇。中国企业如能创新运用社会责任管理理念和方法，率先重塑企业管理，将有望缩小与世界先进企业的管理差距，在全球市场竞争中赢得责任竞争优势，在为全球企业管理贡献中国企业管理经验的同时，引领新一轮更加负责任的、更加可持续的经济全球化。

本套丛书将首先面向中国社会责任先锋企业群体——中央企业，系统总结中央企业将社会责任理念和方法系统导入企业生产运营全过程的典型经验。其次，持续跟踪研究中国各类企业的社会责任管理实践，适时推介企业社会责任管理在中国各类企业的新实践、新模式和新经验。最后，借助新媒体和更有效的传播方式，使这些具有典型意义的企业社会责任管理思想和经验总结走出企业、走向行业、走向上下游、走向海内外，成为全球企业管理和可持续发展的中国方案样本。

本套丛书着眼于面向国内外、企业内外传播社会责任管理方面的做法和实践，主要有以下几个目标：

面向世界传播，为世界可持续发展贡献中国企业智慧；

面向中国传播，为中国企业推进社会责任管理提供样本；

面向企业传播，为样本企业升级社会责任管理总结经验。

党的十九大开启了新时代中国特色社会主义新征程。2020年是我国打好防范化解重大风险、精准脱贫、污染防治的攻坚战，全面建成小康社会的收官之年，是我国"两个一百年"奋斗目标的历史交汇点，具有里程碑意义。中国企业以什么样的状态迎接新时代、开启新征程？坚定推进企业社会责任管理，依然是一流中国企业彰显时代担当的最有力回答。企业社会责任只有进行时没有完成时，一流的中国要有担当时代责任的勇气、创新进取的决心，勇做时代的弄潮儿，不断在企业社会责任和可持续发展道路上取得新突破。这是世界可持续发展的趋势所向，也是中国企业走向世界、实现可持续发展的必由之路。

习近平总书记指出："只有积极承担社会责任的企业才是最有竞争力和生命力的企业。"创新社会责任管理将是企业积极承担社会责任的有效路径，是实现责任竞争力和长久生命力的新法门，希望这套社会责任管理之道丛书能为企业发展贡献绵薄之力。

企业社会责任管理无论是理论上还是实践上，都是一个新生事物，本《丛书》的编写无论是理论水平还是实践把握，无疑都存在一定的局限性，不足之处在所难免，希望读者不吝提出改进意见。

丛书总编辑

2020 年 5 月 20 日

自　序

习近平主席在2019年新年贺词中说："中国制造、中国创造与中国建造共同发力，继续改变着中国与世界的面貌。"大道之行，取则致远。从中国第一重型机械集团公司（以下简称中国一重）、第二重型机械集团公司（以下简称中国二重）、长春第一汽车制造厂（以下简称长春一汽）等为代表的156个国家重点项目及大庆油田、燕山建筑等一大批国家基础设施工程的建设开始，中国建筑集团有限公司（以下简称中国建筑）见证了新中国波澜壮阔的发展历程，见证了伟大祖国70年翻天覆地的变化，见证了中国共产党带领人民攻克艰难的奋斗足迹。70年来，中国建筑坚持改革开放不动摇，紧抓发展的主题不放松，坚守使命和责任不懈怠，从追赶时代到引领行业，走出了一条跨越发展之路、创新发展之路、品牌发展之路、责任发展之路，成长为全球最大的投资建设集团。

中国建筑正式组建于1982年，是我国专业化经营历史最久、市场化经营最早、一体化程度最高的投资建设集团，在房屋建筑工程、基础设施建设与投资、房地产开发与投资、勘察设计等领域居领先地位。中国建筑是我国最具实力的投资商之一，主要投资方向为房地产、基础设施、城镇综合建设等领域。公司强化内部资源整合与业务协同，为城市建设、运营提供全领域、全过程、全要素的"一揽子"服务。中国建筑股份有限公司于 2007 年 12 月 8 日正式创立，并于 2009 年 7 月 29 日在上海证券交易所成功上市。

中国建筑创业、立业、兴业，实现了"每十年多环比增长 10 倍"的快速发展目标。2018 年，公司新签合同额 2.63 万亿元，连续 3 年获得世界三大著名信用评级机构标普、穆迪和惠誉一致授予的行业内全球最高信用评级；在美国《工程新闻记录》（ENR）2018 年度"全球工程承包商 250 强"榜单上继续位居首位。2019 年，中国建筑第十四次荣获中央企业负责人经营业绩考核 A 级荣誉，在《财富》世界 500 强榜单中，中国建筑自 2006 年首次上榜位列第 486 位后，在短短的 14 年间稳步提升，奇迹般地跃升了 465 位，2019 年列第 21 位。

中国建筑以习近平新时代中国特色社会主义思想为指导，坚持新发展理念，坚持高质量发展，聚焦"一创五强"战略目标，致力成为价值创造力强、国际竞争力强、行业引领力强、品牌影响力强、文化软实力强的世界一流企业集团。社会责任担当积极有为，形成了独特的责任品牌口号——"建证幸福"，追求回报股东、满意客户、保护环境、成就员工、携手伙伴、引领行业和造福社会，与各利益相关方携手共同建证中国梦、幸福梦的实现。

为贯彻落实习近平总书记"推动中国产品向中国品牌转变"、李克强总理在《政府工作报告》中"打造更多享誉世界的'中国品牌'"的重要指示，中国建筑以创建具有全球竞争力的世界一流企业为牵引，全面提升品牌影响力，致力成为市场占有率高、客户满意度和忠诚度高、企业知名度和美誉度高的世界一流企业集团。拥有享誉全球的企业形象，成为全球行业品牌的优秀领导者。经过多年的发展，"中国建筑"品牌形象获得国内市场和国际社会的广泛认可，逐步成为"中国建造"的一张亮丽名片。

"中国建筑"品牌多年入选世界品牌实验室（World Brand Lab）编制的"世界品牌500强"榜单；在国际五大品牌价值评估权威机构——英国著名品牌管理和评估独立顾问公司 Brand Finance "2018年全球品牌价值500强"中列第44位；荣获国务院国资委首届"品牌建设优秀企业"称号；在国家质检总局指导的中国品牌价值评价中，以品牌强度953.00、品牌价值875.32亿元蝉联行业首位。

以"建证幸福"为责任品牌口号，中国建筑传承红色基因、凝聚蓝色力量、推动绿色发展，本着对国家、行业、公众以及世界的责任承诺，以品牌引领社会责任、社会责任驱动品牌建设，探索形成独具特色的品牌引领型社会责任管理模式，成为服务国家战略的重要力量、央企品牌的建设样本、央企履责的模范、"一带一路"上的中国名片。

中国建筑用长期的探索与实践证明：全球品牌正在迈向更加负责任的、能够推动可持续发展的责任品牌新时代。

中国建筑以打造"世界一流示范企业"为目标，以社会主义核心价值观为引领，依托深厚的责任积淀，积极推进"品牌引领型社会责任管理模式"；紧抓责任理念、塑造责任文化、落实责任管理、推动责任实践、做好责任传播，致力成为"履行社会责任典范"，以责任品牌助力打造全球投资建设领域的第一品牌，对外展现"中国建造"最高水平，让"中国建造"品牌在世界范围内获得认可与尊重，驱动高质量发展，创建世界一流示范企业。

"建证"美好生活，拓展幸福空间。

目　录

第一章 品牌引领型社会责任发展之因

"天下将兴，其积必有源。"在历史的峰回路转中，总有一种为国为民的责任基因穿越时空、一脉相承、贯穿始终。

正所谓"不忘初心，方得始终"，中国建筑牢记使命，担当时代责任，践行国家战略、服务国家经济外交、增进民生福祉、处理重大危机事件，持续拓展家国天下的幸福空间，为打造人类命运共同体贡献"中建力量"。

第一节 拥抱责任品牌浪潮

随着时代和社会的发展，品牌的内涵在持续演进和丰富之中。从品牌的内涵和导向来看，品牌的发展经历了以产品生产为导向、以产品数量最大化为经营目标的传统品牌阶段，到以客户需求为导向、追求市场份额和销售利润最大化的客户品牌阶段，再发展到今天以满足利益相关方、后代期望和诉求为导向，追求企业持续发展与和谐共生为特征的责任品牌阶段。

责任品牌既是企业社会责任发展到一定程度的结果，也是企业品牌发展的一个新阶段。企业社会责任的一个基本理念就是要对包括股东在内的更多的利益相关方负责。企业社会责任发展要求企业不仅对传统的利益相关方如客户、股东等负责，还要对更多的利益相关方负责，企业品牌由此变得更加多维和立体，品牌形象已从单一的、传统的侧重点发展为多维形象，即在不同利益相关方心中的形象。

经过这些年的发展，中国建筑的品牌发展正在进入关注公司在利益相关方心目中形象的新阶段。为了得到股东、客户、合作伙伴、员工、社会等利益相关方的认可，提升公司的影响力和美誉度，增强公司可持续发展的能力，实现和社会的和谐共生，必须将企业社会责任工作与品牌工作统筹起来，开展以社会责任为核心理念的责任品牌建设工作。

一、全球正在迈向品牌建设新时代

在中国企业日益融入全球经济发展的大形势下，中国建筑要成为世界一流品牌，建设以可持续发展为导向的责任品牌既是一个重要方向，也是时代赋予中国建筑品牌建设对标先进、"弯道超车"的新路径。

2016 年 1 月 1 日，联合国可持续发展议程正式生效，涵盖了 17 个发展目标，呼吁全世界共同为创造美好的未来而努力。近两年，2030 年 17 个可持续发展目标（SDGs）已经成为众多国家、企业和各类组织的共识。作为一家致力于成为世界一流示范企业的中央企业，中国建筑认识到 SDGs 能够提升企业可持续发展价值，有助于帮助企业发现未来商机，希望更好地运用 SDGs，实现企业发展目标和全球共同目标共赢。而中国建筑结合自身的业务，经过对标，以期重点在消除贫困、消除饥饿方面能做出贡献，正是紧随国际潮流的切实行动。

二、当前中国经济转型升级新需求

跨入 21 世纪以来，中国的改革和发展进入了一个新的历史阶段，树立和落实科学发展观，构建社会主义和谐社会，实现以人为本的全面、协调、可持续发展已经成为社会各界的广泛共识。相应地，人们对企业的性质和作用、企业与社会的关系有了新的认识，时代也对中国企业和企业家提出了更高的要求。

新时期品牌建设同样也需要置身于中国经济整体的转型升级上。尤其值得一提的是，习近平总书记在河南考察时强调中国要实现三大转变，即推动中国制造向中国创造转变、中国速度向中国质量转变、中国产品向中国品牌转变。

如何实现习总书记所说的三个转变？其一，中国制造向中国创造转变，最重要的是创造可持续性产品和服务，也就是这种产品和服务的创造要么是解决目前社会可持续发展面临的重大问题或者挑战，要么是带来全社会的健康和福祉持续的提升。其二，中国速度向中国质量转变，就是企业的产品生产、产品质量和产品消费等全生命周期要体现社会责任、体现可持续性，最大限度地减少因产品全生命周期所带来的经济、社会和环境的负面影响。这是物质创造最值得信赖的质量，也是创新发展最可持续的速度。其三，在不断创造可持续性产品和服务的同时，管理好产品全生命周期的影响，做好面向利益相关方的责任沟通和传播。中国企业在成为可持续发展企业的同时，也能由此形成以可持续性为特征的中国品牌形象。

我国企业品牌建设已经进入了新时代。为扩大自主品牌的知名度和影响力，自 2017 年起，每年 5 月 10 日被设立为"中国品牌日"，企业品牌建设由此进入国家战略层面。

三、中央企业责任品牌建设新路径

中央企业是我国特色社会主义的重要物质基础和政治基础，是我们党执政兴国的重要支柱和依靠力量。中央企业主动承担社会责任，为国家发展、社会进步和人类生活品质提升做出积极贡献，通常具有良好的企业形象，并受到社会的尊敬。而具有较高社会责任感的企业，则更容易在消费者大脑中产生积极的品牌联想，形成良好的品牌关系。

党的十八大以来，中央企业品牌工作取得的积极进展和显著成效为中央企业转型升级、提质增效发挥了重要作用，为推动我国经济高质量发展做出了积极贡献。国务院国资委以习近平新时代中国特色社会主义思想为指引，坚决落实党中央、国务院的有关部署和要求，切实加强指导、推动中央企业品牌工作。

随着国家对品牌建设的高度重视，企业社会责任的重要性也进一步凸显。2013 年 12 月 17 日，国务院国资委印发了《关于加强中央企业品牌建设的指导意见》的通知。该通知提出，"充分认识加强中央企业品牌建设的重要意义"，即加强品牌建设是培育世界一流示范企业的战略选择。在"中央企业加强品牌建设的主要内容"中，要求坚持诚信合规经营，其中特别详细地阐述了具体要求：要加强公共关系建设，积极维护投资者、债权人、供应商等相关方的利益，完善信息披露制度，营造良好的品牌建设环境。要坚持以人为本，切实抓好资源节约、环境保护、安全生产，构建和谐企业，塑造良好形象。要继续做好服务国家战略，保障市场供应，维护公共安全，促进物价稳定，参与援疆、援藏、援青扶贫等工作，踊跃参加社会公益活动和应急救援，发挥中央企业的表率作用，努力成为被全社会广泛认可的负责任的企业。

国务院国资委进一步营造有利环境，研究制定相关政策措施，组建成立了中央企业品牌专家库；进一步加强政策引导，研究制定品牌发展规划，开展品牌建设有效性评价，培育品牌建设示范企业，建立健全任期品牌考核机制；进一步搭建交流平台，组织中央企业与国际一流示范企业开展品牌交流，举办品牌故事大赛，征集品牌建设优秀成果，召开品牌专题培训和研讨，积极推广品牌建设典型模式。

经济强国历来是品牌强国，与正在步入发展"快车道"的中国经济相比，中国企业的品牌建设距离一些世界知名品牌还有较大的差距。

所幸的是，随着企业社会责任和可持续发展逐渐成为全球共识，责任品牌建设正在成为中国企业品牌建设迎头赶上且卓有成效的新路径。中央企业不断深化社会责任管理，在精准扶贫、慈善公益、海外履责等方面持续发力，依托产品和服务特色，开展特定扶贫项目，增进民生福祉，全面打造责任央企品牌形象。

就中国建筑而言，品牌建设与社会责任是紧密联系、相辅相成的，未来更是互相融合、不可分割。一直以来，传承红色基因是中国建筑的优良传统，可以说社会责任是中国建筑品牌建设的核心理念和要素，未来把社会责任和品牌建设相结合是中国建筑推进品牌建设的高效方式和可行途径，融入社会责任显然是深入推进品牌建设的重要抓手。而社会责任需要品牌化的建设方法使其融入企业战略、企业管理及运营中，融入员工的价值理念和日常行为中。

四、中国企业海外发展新的通行证

随着"一带一路"倡议的推进，中国企业海外发展面临的风险更加多元化、复杂化。从全球看，世界经济复苏乏力，部分区域政局多变。中国企业在推进"一带一路"倡议中，需面对政治、宗教、民族关系诸多风险，以及法律法规、国家政策、文化差异等多方挑战。而多年的实践证明，履行企业社会责任是中国企业"走出去"、防范海外风险的有效路径。"一带一路"倡议意在互利共赢，首先是利益共同体，其次深化为责任共同体和命运共同体。中国企业要秉持共商、共建、共享的原则，实施属地化经营战略，与当地共同发展、共享成果，将成为企业在海外谋求可持续发展的重要出路。

与很多企业一样，中国建筑国际化之路历经风风雨雨，20世纪90年代初的海湾战争、亚洲金融危机等，都不同程度地对中国建筑的海外经营造成困难。而中建人不畏艰难，已经累计在130多个国家和地区承建项目 6000 多项，跻身世界一流承包商之列。其中，属地化经营、包容性增长、与所在国共建共赢是中国建筑海外发展的成功经验，这已然证明企业社会责任是今后中国建筑"一带一路"建设方面的必备法宝，也是未来中国建筑深入拓展海外市场、加速海外优先战略落地、强化项目履约综合能力的通行证。

五、中国建筑坚定责任发展新理念

无论是国家发展战略需求、国资委的切实要求，还是世界经济发展所向，中央企业都必须积极推进品牌战略、履行企业社会责任、实现可持续发展。机遇当前，谁能抢占先机，谁就能脱颖而出。

而这浩荡而来的全球企业社会责任浪潮是对企业发展目标本源和发展方式的深刻反思，既带来了社会对企业的全新认识，重新定位了企业的价值，也为企业发展带来了全新的视角和机遇。企业对社会的影响和价值已成为评价其成功与否的重要标尺。企业对商业伦理的参悟和修炼，对引领行业道德和行业发展的贡献，对社会责任的认同和践行将成为走向世界并赢得尊重、实现可持续发展的必由之路。

面对新时代、新形势，中国建筑领导层需要深入思考自身对于中国的独特价值在哪里？如何成为世界一流示范企业？而社会责任是一个重要的突破口。对于中国建筑而言，履行社会责任是企业提升品牌形象的有效途径，是成为具有全球竞争力的世界一流投资建设企业的必要路径。

《中国建筑股份有限公司 2009 可持续发展报告》如此阐述："中国建筑从引领行业发展的战略高度认识社会责任对提高公司和行业核心竞争力、实现可持续发展的重要性，并在系统推进社会责任的管理和实践中积极探索，寻求将对社会和环境的关注融入企业战略、管理和日常运营的有效模式，创造公司在经济、社会、环境三方面的最优综合价值，引领行业实现持续发展。"

而《中国建筑股份有限公司 2018 可持续发展报告》的表述是：为人民幸福生活而努力奋斗是中国建筑不变的信仰！40 多年来，中国建筑因改革开放而生，因改革开放而兴，持续将红色基因转化为蓝色力量，走出一条从追赶时代到引领行业的跨越发展之路、从国内建设到全球布局的开放发展之路、从传统优势到转型升级的创新发展之路，"建证"中华民族从"站起来""富起来"到"强起来"的伟大飞跃。

虽然 2010 年和 2019 年两份报告的表述不尽相同，但是社会责任初心从未动摇。正是当时中国建筑领导层高瞻远瞩，顺应形势，抓住机遇，定下了品牌引领型社会责任发展基调，才有了此后长达十余年坚持不懈的探索，逐步形成了独具特色的社会责任管理之道。

当一个企业不只是创造经济利润，而是将造福社会、国家、世界作为使命和责任时，一场变革注定发生。

第二节　根植血脉红色基因

中国建筑从成立之初就承担着为国为民的职责，这就决定了中国建筑血脉的红色基因——对国家与社会的责任情怀。该基因与生俱来，浸润了中国建筑成长之树。

一、形成铁军精神

中国建筑虽然组建于 1982 年，但成员企业大多具有近 70 年的历史，员工多为转业军人。1952 年 2 月，毛泽东主席签署命令，批准中国人民解放军一部分部队转为工程部队，投身于国家建设。同年 4 月，毛泽东主席和周恩来总理签署《中央人民政府军事委员会、政务院集体转业部队的决定》，将原属西北、西南、华东、中南 4 个军区和二十三兵团的 8 个师转业为建筑工程师，确定番号为第一至第八工程师。8 万军工集体转入建筑业，为建筑业的发展增加了一支生力军，并成为组建建筑工程部直属工程局的基础。

在新中国诞生之初，百废待兴。中国建筑各成员企业遵循党和国家的统一指挥和调遣，义无反顾地参与了以中国一重、中国二重、长春一汽等为代表的 156 个国家重点项目及大庆油田、燕山建筑等一大批国家基础设施工程的建设，并遵照中央部署，辗转祖国"大三线"建设，完成了一大批重要国防军工建设项目和国家重点工程项目，为祖国社会主义事业做出了巨大贡献。

为一种使命而生、为一种精神而生、为一种责任而生。在为新中国工业奠基中，中国建筑被誉为"南征北战的铁军，重点建设的先锋"，也为中国建筑的组建奠定了坚实的基础。在此阶段，中国建筑植入"为国家担当、为人民奉献、为民族争光"的红色基因，形成以"铁军精神"为核心的文化理念，包括"甘于奉献、艰苦奋斗、敢闯敢拼、英勇顽强、不怕牺牲、为国奉献"等内容，使中国建筑人铮铮铁骨的形象深入人心，成为中国建筑企业文化的强大根系。

二、加强党建根魂

中国建筑的血脉流淌着红色基因——坚持党的领导，加强党的建设。正如前文所述，在为新中国工业奠基中，中国建筑注入红色基因，承担着"为国家担当、为人民奉献、为民族争光"的时代责任，彰显了中国建筑的担当。

党的十八大以来，面对国际国内迅速发展变化的新形势，党中央高度重视深化推进国有企业改革，并强调在全面深化改革中坚持党的领导和加强党的建设。坚持党的领导、加强党的建设是国有企业的光荣传统，是国有企业的"根"和"魂"，是国有企业的独特优势。中国建筑在改革发展的实践中充分认识到，做大做强做优国有企业，离不开党的建设这个法宝，党建工作做实了就是生产力，做强了就是竞争力，做细了就是凝聚力。必须牢固树立"四个意识"，坚决拥护核心、维护核心、紧跟核心，在思想上政治上行动上同以习近平同志为核心的党中央保持高度一致，坚持党对国有企业的领导不动摇。

党建兴则国企兴，党建强则国企强。以强"根"铸"魂"提供坚强动力保障，重点是全方位提升党建效能，抓党建就是抓发展，抓发展必须抓党建，推动党建工作和生产经营深度融合、同频共振，将党组织的政治优势转化为推动企业做大做强做优的竞争优势。这既是中国建筑抓党建工作的优良传统和基本经验，也是企业党建工作的生命力所在。

三、凝聚蓝色力量

中国建筑七十年薪火传承，四十载砥砺奋进，从企业"红色基因"中汲取先进文化，坚持创造性转化、创新性发展，为企业文化赋予党的优良传统和鲜明的时代特征，走出一条听党指挥、勇当先锋、引领行业、走向世界的道路。

自2012年以来，公司连续推出大姐书记陈超英、工程院院士张锦秋、全国道德模范和央企楷模"中国高度的创造者"陆建新、中央企业优秀共产党员"岩土特工"周予启、大国工匠翟筛红、时代先锋"高空之眼"王华、"90后"全国人大代表邹彬等一批国家级"中建榜样"群像，构建了"中建榜样"金字塔，引领公司使命和价值观成为全体中建人共同的思维模式和行为准则。

进入新时代，中国建筑深入学习贯彻习近平总书记关于国有企业改革发展和党的建设系列重要讲话精神，坚决贯彻党中央、国务院的各项决策部署，深入贯彻落实新发展理念，坚持稳中求进，积极抢抓国家重大战略叠加实施机遇，以高质量发展为导向，以质量第一、效益优先为原则，加快产业优化调整，注重人均利润贡献，努力做大做强做优中国建筑，力争成为全球投资建设领域的第一品牌和中国建筑业改革发展与推动我国城镇化建设的一面旗帜，走出一条属于中国建筑自己的"世界一流"之路，交出新时代中国建筑改革发展的精彩答卷。

2019 年 8 月 29 日，在国务院国资委首次举行的"中央企业社会责任报告集体发布仪式"上，中国建筑因社会责任工作表现出色，受邀成为 5 家经验交流中央企业之一做了《建证责任品牌 塑造国家名片》专题分享，讲述中国建筑秉持"人类命运共同体"理念，以做大共同利益谋求可持续发展，努力"建证"责任品牌，致力成为责任管理典范、责任实践典范、责任实践典范的故事，为建设世界一流示范企业提供了责任支撑，为塑造国家名片、展现中国形象贡献"中建力量"。

这一时期，中国建筑企业文化在党建引领下，将思想教育、党性教育和文化深植结合，同全面落实"两学一做"学习教育常态化制度化、同打通项目党建"最后一公里"、同解决一线员工实际问题、同深化与分包分供合作共赢、同助力企业践行"一带一路"倡议、打造世界一流示范企业的领导团队和一流人才队伍相结合，通过中心组学习、书香中建大讲堂、三会一课等学理论、议大事、出思路、促发展，把理论学习成果转化为抢抓"一带一路"机遇的发展成果和贯彻国企党建工作会议精神的实际举措，使习近平总书记系列重要讲话精神转化为广大党员干部的思想自觉和行动自觉。

中国建筑带头遵守国家的法律法规和各项经济制度，履行经济责任，实现国有资产的保值增值。在特殊时期和突发事件中，中国建筑主动为国家担当、为社会解难、为人民造福，积极履行政治责任、社会责任。此共识已深深植入中国建筑企业文化的根脉和广大员工的血液中。

第三节 深化改革跨越发展

中国建筑无论是处于艰苦奋斗的创业阶段，还是在整体上市跨越发展的新时期，都勇于承担社会责任的文化基因薪火相传。

一、改革艰辛之路

追根溯源，早在 1960 年 2 月国务院就正式成立了中国建筑工程公司，此后长时间承担对外经援建设任务。改革开放之初，乘着邓小平同志南方谈话的东风，国家着手重新组建中国建筑工程公司，赋予其新的历史使命：开展海外经营，为国家赚取外汇。1979 年 6 月，中国海外建筑工程有限公司在香港注册成立。从此，中国建筑率先开始了"走出去"的艰辛之路。

1982 年 6 月，国家机关进行机构改革。经国务院批准，中国建筑工程总公司正式组建，作为"政企分开""建筑业下海"第一个试点单位，中国建筑肩负改革开放、市场化试水的重任迈步前行。经过这次历史性的变革，中国建筑成为党中央、国务院机关中第一批自负盈亏的独立法人。这一时期，中国建筑经历了中国史无前例的计划经济向市场经济转型期疾风暴雨般的洗礼，在传承中创新，在竞争中突破。

中国建筑承接了国内外一系列知名、重大工程项目并再创建筑奇迹。在深圳国际贸易大厦施工中，中国建筑缔造了"深圳速度"，形成了"改革创新、勇于争先"的争先文化。中国建筑第二工程局有限公司（以下简称中建二局）、中国建筑第三工程局有限公司（以下简称中建三局）在深圳地王大厦项目创造了"两个半一个结构层"的"新深圳速度"。中国建筑第八工程局有限公司（以下简称中建八局）在"天上无飞鸟、地上石头跑"的戈壁腹地巴丹吉林沙漠承建了酒泉卫星发射中心工程，并以顽强拼搏的铁局作风，高质量完成了建设任务，创造了三项世界第一、一项亚洲第一、三项中国第一的建筑奇迹。

这一时期，中国建筑体现了鲜明的重组并跨越发展特色，体制改革实现了重大突破。2007年，中国建筑联合中国石油天然气集团、中国石油化工集团公司、宝钢集团有限公司完成了整体重组改制工作，并于2009年成功在A股上市，实现了生产经营和资本经营的有机结合，各项业务都实现了跳跃式发展。自此，企业治理结构进一步完善，集团管控能力明显增强，初步建立起符合国有企业特质与上市公司监管规则的现代企业制度，决策执行协调运转，持续提升资本运营能力，一系列并购、重组、分拆等举措增强了集团专业化、国际化的竞争能力，优化了市场布局，完善了产业链条。同时，商业模式也发生深刻变革，在传统建筑地产优势主业基础上，以城市综合开发、融投资建造、产融结合为主的运营形式创新发展，核心竞争能力不断塑强，价值创造能力大幅提升。努力探索整合系统内规划设计、投资开发、基础设施建设、房屋建筑工程等"四位一体"的综合服务运营能力，实现由"建房"向"建城"转变，初步形成了中国建筑在城市综合开发领域的良好品牌效应。

二、决策眼界之深

企业决策必须同时看到外部的机会和内部的能力以及它们之间所有的联系，并在这些洞察变得众所周知之前率先反应，抢占先机。这是一种战略眼光，不是普通的商业决策。

2008年对于整个世界而言都是一场灾难。这一年，国际金融危机全面爆发，迅速波及全球，给世界各国经济发展和人民生活带来了严重影响，严重制约了全球建筑行业的发展。首先，这次经济危机对我国建筑企业的海外业务造成了较大的冲击，风险明显加大。其次，受金融海啸的拖累，我国房地产市场景色明显暗淡，导致房屋土建工程的萎缩，这对我国建筑业的发展无疑造成了巨大的压力。严峻的经济危机既是一次考验，也是一次机遇。2008 年 11 月 9 日，国务院推出经济刺激计划，旨在扩大内需，促进经济增长。

面对国际国内的变化和挑战，企业需要领导层准确判断，冷静面对，寻求发展。为此，2009 年中国建筑抢抓国家投资机遇，深入推动"五个转变"，以诚信为本，走"质量兴业"之路，在强化企业经营管理、政治责任、社会责任、科技创新等方面着力推进，有效防控项目管理风险，提升了市场竞争力，实现了新发展。

而这与企业社会责任的理念完全一致，"企业社会责任可概括为企业对其利益相关方必做、应做和愿做之和，是企业将其利益相关方的关切融入其各种活动之中，不断地满足包括股东在内的利益相关方日益增长的需求，以实现企业和社会可持续发展的有机统一的理念和行为"。①对于任何一个企业来说，要继往开来，就必须与时俱进，把握住时代的节奏、看清潮流的方向。中国建筑领导者正是看到这个时代之变、时代之需，及时审时度势，将社会责任融入品牌建设战略，实现了企业大发展。

这一时期，中国建筑体现了明显的商业化特色，实现了"危机永存、激励同在"的动态管理，大大增强了员工的使命感和危机感。中国建筑积极推进产业结构优化和经营布局调整，建立了与之匹配的管理制度体系，尤其体现了鲜明的绩效考核特色，使压力得以层层传递。

经过几十年的不懈努力和探索，中国建筑项目管理已走在同行业前列，成为中国建筑核心竞争力的重要标志。1982 年，中国建筑工程总公司（中国建筑前身）完成主营业务收入 12.48 亿元；2005 年，完成

---

① 殷格非等. 企业社会责任管理基础教程［M］. 北京：中国人民大学出版社，2008：17.

主营业务收入1157亿元。2006年，中国建筑工程总公司首次进入《财富》世界500强排行榜，排名第486位。可以说，中国建筑用了20多年时间跨入世界500强的行列。

第四节　全面迈向高质量发展

为人民幸福生活而努力奋斗是中国建筑不变的信仰！迈入新时代，中国建筑依然不忘初心，牢记使命，彰显大国建造伟力，将企业发展融入国家政治格局和战略布局，发挥投资、建设、运营、发展的全产业链业务优势，积极投身于国家新型城镇化、区域经济发展、供给侧结构性改革等重大战略实践。中国建筑持续推进绿色建造、智慧建造、建筑工业化三大方向科研工作，为社会大众提供高品质的产品和服务，成为经济社会发展可以依靠的坚实力量。

没有无缘无故的奇迹，因缘际会之际，一切都是因为那未曾动摇的使命担当与责任远见。中国建筑把政治优势转化为企业的发展优势，把"红色基因"转化为企业的"蓝色力量"，在市场经济的洗礼中不忘本来、吸收外来、面向未来，始终坚持市场化的改革方向，推进市场化发展、差异化竞争、一体化拓展、科学化管理，并不断从"一带一路"建设、"走出去"中汲取养分和力量，成功转型升级，形成在产业链条、规模、效益等方面不可比拟的竞争优势。

一、助力美丽中国建设

在中国特色社会主义进入新时代的背景下，中国建筑贯彻落实创新、协调、绿色、开放、共享五大发展理念，不断探索绿色建造、智慧建造、建筑工业化等新兴科技和生产方式，把企业发展融入国家战略布局，投身于国家新型城镇化、区域经济发展、基础设施建设、雄安新区建设、供给侧结构性改革等重大战略落实中，在服务国家战略中实现企业结构调整、转型升级以及管理提升。

中国建筑牢记环保使命，为世界增添绿色元素。贯彻落实绿色发展理念，重视建筑与环境相协调，不断探索绿色建造、建筑工业化等新兴科技和生产方式，主攻绿色建造、智慧建造和建筑工业化，加强绿色智能建造业务实践，培育公司独特竞争优势，推动水务环保、海绵城市等业务发展，积极推进绿色产业链体系建设。

中国建筑秉持"绿色建造、环境和谐"的方针，不断健全环境管理体系，配备专职环境管理人员，形成组织体系全覆盖，将环境保护理念融入公司日常运营，注重绿色设计、绿色施工、管控建筑垃圾，不断加强环境保护和节能减排工作，促进资源的有效利用。积极倡导绿色生活方式，开展环保公益活动，充分考虑项目所在地生态环境承载能力，促进项目与环境的融合。

再造"世界建筑奇迹"——上海深坑酒店。作为世界上第一个建在废石坑里的五星级酒店，不仅创造了全球人工海拔最低五星级酒店的世界纪录，也是环保设计和旧工业区改造利用的绿色建筑成功范例。在已经废弃且深达近 80 米的人工采石坑中，利用矿坑地形，将酒店依附崖壁向上"生长"，实现酒店建筑与地理环境的完美契合，弥合了人类活动留下的创伤。上海深坑酒店是当代科技文明的结晶，也是中华文明"天人合一"理念的实践。

中国最大水务环境整治工程之一——包头市城市水生态提升综合利用 PPP 项目，包括水安全、水配置、水环境、水景观提升和智慧水务五大类工程，建成后将成为国内缺水城市生态新典范，城市防洪标准为百年一遇；新增水域面积 20 平方千米、新增绿地面积 18 平方千米，新增城市可利用水资源每日 50 万立方米，形成"四纵四横、四湖四库、南北贯通、东西互济"的城乡水网大格局。

二、创新驱动拓展蓝海

　　智慧、效率、绿色，建筑生命全周期管理运营的可持续性，正是中国建筑实现高质量建筑工程的新内涵、新目标，是中国建筑实现从高速度到高质量发展的跨越之路。运行稳、结构优、创新强，中国建筑质量、效益和品牌不断提升，全面迈向高质量发展。不断做大做强做优，中国建筑努力在经济社会发展中发挥中流砥柱作用。

　　改革创新是中国建筑最深沉的精神禀赋；创新业务代表了中国建筑的未来。绿色建造、智慧建造、建筑工业化三大重点研发方向取得了重要成果。水务、环保、电子商务为中国建筑绿色发展拓展了"新蓝海"……

　　超高层建造技术、复杂深基坑与深基础处理技术、高性能混凝土生产和应用技术、复杂空间钢结构体系研究与安装技术、新型建筑设备研究与制造技术、建筑企业管理与生产应用信息技术等技术创新赋予中国建筑跨越发展的强大推动力。据统计，党的十八大以来，中国建筑获得国家科学技术奖13项（一等奖2项）、国家勘察设计奖5项、国家级工法103项、专利授权9660项（发明1098项），编制国家/行业标准90项，被国务院国资委授予中央企业"科技创新企业奖"。

　　如果说技术创新是直接作用力，那么管理的创新则是减少了物体运动的摩擦力，使中国建筑的发展驶入"快车道"。以项目管理为例，从20世纪80年代开始，中国建筑以推广鲁布革经验为发端，率先对项目管理进行改革，以项目经理负责制为核心，不断提高项目管理水平，推进精细化管理。中国建筑对项目管理模式的探索与推动从未止步，从项目法施工到项目承包、到法人管项目、到风险抵押管理模式再到后来的项目目标责任制，提高了法人对项目的管控能力，精细化、标准化管理水平大为提升，积蓄了发展动力。近五年来，中国建筑正致力于项目集成管理体系建设，打造总包管理能力，与投资建设的发展战略相协同。

敦煌丝路文博会主场馆项目采用 BIM 技术，应用"装配式建造＋EPC"的方式，最大限度地利用中国建筑数字化平台，仅用 8 个月时间就完成了常规需要 4 年才能建成的项目，创造了"敦煌奇迹"，成为中国建筑创新业务的典型案例，展现了中国建筑引领大国建设科技崛起的实力和担当。

在北京"中国尊"项目顶部，有一个红色的巨型"金刚罩"，这是中国建筑自主研发的超高层建筑智能化施工装备集成平台，领先于世界水平，被喻为"在工厂里造摩天大楼"。早在 80 年代，爬模体系的运用使中国建筑在国内高层建筑领域成为第一个"吃螃蟹的人"，也成为"深圳速度"的创造者。现如今，智能平台不断改良创新，已经发展到第四代产品，高效性、适应性、安全性和智能化上实现了飞跃，进一步巩固了中国建筑在超高层领域不可撼动的地位。"千米级摩天大楼建造技术研究"形成系列原创科技成果，全世界 300 米以上的超高层建筑50% 出自中国建筑之手。

三、打造世界一流企业

党的十九大报告提出，培育具有全球竞争力的世界一流企业。这为中国建筑业务及品牌发展指明了方向。"培育具有全球竞争力的世界一流企业，意味着产品和服务、技术和标准、管理和团队、品牌和文化等企业综合实力和竞争力全方位提升，形成一批在国际资源配置中占主导地位的领军企业，一批引领全球行业技术发展的领军企业，一批在全球产业发展中具有话语权和影响力的领军企业。实现这一目标，说到底要靠改革。""引领中央企业党员干部职工争作思想武装的表率，坚持用习近平新时代中国特色社会主义思想武装央企，持续推动学习宣传贯彻往'实里走、深里走、心里走'，筑牢紧跟总书记破浪前行的思想自党；争做维护核心的表率，牢记央企姓党，当好基本队伍，始终在政治立场、政治方向、政治原则、政治道路上同以习近平同志为核心的党中央保持高度一致，不断增强'四个意识'，始终做到'两个坚决维护'。"国务院国资委党委书记、主任郝鹏说。

实力更强——到 2019 年上半年，中国建筑资产总额达 1.9 万亿元，是投资建设举足轻重的"巨无霸"。增长更稳——2018 年，中国建筑新签合同额、营业收入双双再创新高，全年新签合同额达 2.33 万亿元，营业收入 1.2 万亿元，增长基础更加坚实。质量更佳——公司法人治理结构进一步完善，完成改制更名；掌握一批关键技术，新的利润增长点加速形成。结构更优、动力更足，增长正从规模速度型向质量效益型转变。2019 年 7 月，在《财富》世界 500 强排行榜中，中国建筑位居第 21 位，连续 8 年位居全球投资建设集团之首。此次中国上榜公司数量连续第 16 年增长，中央企业中除了国家电网公司、中国石油化工集团公司、中国石油天然气集团公司这三家能源企业位列前十，第 4 位就是中国建筑。中国建筑也连续 14 年在《财富》世界 500 强排名榜上稳步前进，为创建世界一流示范企业持续发力。

随着中国特色社会主义进入新时代，中国建筑站在了新的历史方位。坚持党的领导，传承红色基因，成功转型升级，凝聚蓝色力量，助力国家战略，推动绿色发展，中国建筑向着打造"具有全球竞争力的世界一流投资建设企业"迈出了坚实的步伐。

第二章　品牌引领型社会责任管理之变

一场变革开始于一次关于自我价值与定位的追问。

正如一个人思考人生意义，一个企业在直面终极责任的思考之一 —— 为什么而存在那样，就不会忘记当初为什么出发。

担当时代使命，就是中国建筑的初心。对于中国建筑而言，时代使命一直在变，不变的是初心。在过去的 30 多年里，引领中国建筑进行不懈奋斗的正是其对使命的担当——在国家大局中，要成为经济社会发展可以依靠的坚实力量；在国际经营中，要代表着国家形象；在转型升级中，要引领行业的未来……

一言以蔽之，中国建筑不只是成为一家建房子的企业，而是要为世界打造幸福空间；不是一家只会赚钱的企业，而是要造福世界、改变世界的企业。

此时此刻，中国建筑的战略和格局让一切都变得不一样了。

中国建筑面对国内外形势，结合自身使命与愿景，坚定地选择了未来的方向：履行社会责任是打造世界一流示范企业不可或缺的要素，以期能够助推企业转型升级、锻造责任品牌。

第一节　深植企业文化根脉

2006～2019 年，中国建筑稳步前进，只用了 14 年时间就从 486 位晋升至 21 位，这样的发展速度令人"匪夷所思"。在国务院国资委年度经营业绩考核中，连续 14 次获得 A 级评级。

短短十几年，是什么力量让中国建筑发展一路高歌猛进，跻身世界一流示范企业？这不是一个人的力量，而是中国建筑所有人共同的努力。只有会聚了中建人所有的热情、能力和价值观，才能取得如此惊人的发展速度。

是什么能把所有人的力量凝聚在一个方向？是一致的价值观和共同的使命感，只有这样，才能促使每一个员工实现自己的热情和能力，与此同时也让公司变得更加强大。正是基于共同的价值观、使命感使庞大的中国建筑重新发现了前进的动力、焕发了新的活力，实现了文化重塑，最终上演了一次"大象跳舞"的神奇。

一、筑造企业文化之初

企业文化既是指企业在市场经济的实践中逐步形成的为全体员工所认同、遵守、带有本企业特色的价值观，也是经营准则、企业精神、道德规范、发展目标的综合。因此，培育社会责任文化既是最有效的方式，也是中国建筑的优势所在。

中国建筑深刻认识到，一个企业的文化与品牌共生一体，互为表里，一流的国际化企业必然具有享誉全球的品牌与极具影响力、感召力的企业文化。为成为最具国际竞争力的投资建设集团，中国建筑以文化为重要依托，加快品牌建设的步伐，高起点、高水准地设计品牌工作体系和工作计划，重点做好了品牌体系搭建、品牌影响与文化内涵互通、品牌推广与文化宣传一体等关键事项。

1990 年，总公司经过调研、筛选和提炼，并经过中建系统领导者、管理者、生产者以及职工家属的讨论认可，确定了"敬业、求实、创新、争先"的企业精神，树立起了一面引导广大职工奋发向上、努力拼搏的旗帜，极大地推动了企业文化建设的进程。

1996 年，中国建筑率先导入企业形象识别（CI）战略，统一品牌形象，强力推进了"中国建筑"品牌建设，为中国建筑的快速发展奠定了形象基础和文化基础。发布、深植文化理念手册《中建信条》和行为规范手册《十典九章》，通过文化理念、CI 战略、行为规范"三位一体"文化建设工程，对内成为集团文化融合的突破口，对外成为同业学习的典范，产生了积极的社会影响。中国建筑引领国内建筑企业形成一股项目 CI 形象打造的旋风，形成了"文化星系"，强力促进了建筑企业文明施工水平的提升，助推中国建筑实现跨越发展。通过中国建筑首创的"过程精品、标价分离、CI 形象""三位一体"项目管理新模式，以高美誉度、高强度、高冲击力的信息展示品牌形象，"中国建筑"品牌形象深入人心。

二、推出《中建信条》与《十典九章》

中国建筑从建立日常化机制着手，将所倡导的责任理念融入企业文化中。2012 年，出台了《中建信条》，这是中国建筑以责任为导向，重新确立了企业使命、企业愿景、核心价值观和企业精神而形成的文化手册，将社会责任价值观融入每个员工的理念中。《中建信条》成为中国建筑的事业理论，以先进文化来引领千军万马，以核心价值来凝聚万里之遥。与此同时，切实使履行社会责任成为企业文化和企业发展的内生动力。《中建信条》以"拓展幸福空间"为企业使命，以"品质保障、价值创造"为核心价值观，以"诚信、创新、超越、共赢"为精神内核的品牌文化体系正式确定。

为了进一步使员工在日常工作和生活中的每一件事都能体现出企业文化倡导的责任理念，中国建筑又出台了《十典九章》，为员工提出具体而明确的要求，既简单明了又易于实行。《中建信条》《十典九章》成为全集团的价值追求与行为规范，工匠精神、积极履责成为集团上下的普遍追求和自觉行动，保障品牌美誉度不断提升。《中建信条》与《十典九章》双剑合璧，中国建筑社会责任这棵种子深深地根植于公司管理理念和员工行动中。

三、丰富企业文化内涵

中国建筑在传承中创新，在竞争中突破，品牌和文化建设也经历了由自发到自觉，由"摸着石头过河"到顶层设计的过程，而一直流淌在血液里的红色基因已成为推动中国建筑可持续发展的动力之源。中国建筑企业文化逐步深化和丰富，各所属单位根据自身实际和特色总结了不同的企业文化理念，追求品质和诚信履约成为文化的重要组成部分。

正是因为不同时期融入了不同的时代精神，中国建筑的文化建设从未停止创新，不断散发出耀眼光芒，抗震救灾精神、奥运精神、铁军精神、争先精神、超英精神……文化内涵日益丰富。

习近平总书记在党的十九大报告中提出，要坚定文化自信，推动社会主义文化繁荣兴盛。中国建筑深刻认识到一个企业的文化与品牌共生一体，互为表里，中国企业唯有把中华民族5000年的优秀历史文化加以继承和发扬，才能打造出真正的世界级品牌。

在中国建筑所属企业里，红色基因、蓝色力量已经深入人心，这是属于中国建筑独一无二的文化烙印。中国建筑坚持以社会主义核心价值观为引领，全面加强文明企业文化建设，构建与世界一流企业相匹配的一流文化软实力，坚定主心骨、会聚正能量、振奋精气神，为创建世界一流企业提供坚强思想保证和强大精神力量。

2017 年，中国建筑以习近平新时代中国特色社会主义思想为指引，全面学习贯彻落实党的十九大精神，推出"红色基因　蓝色力量　绿色发展"文化品牌。传承"红色基因"，从企业"红色基因"中汲取先进文化，坚持创造性转化、创新性发展，为品牌赋予党的优良传统和鲜明的时代特征，深植企业文化理念手册《中建信条》，统一集团全体员工的价值追求与行为规范；凝聚"蓝色力量"，把政治优势转化为企业的发展优势，推进市场化发展、差异化竞争、一体化拓展、科学化管理，形成产业链条、规模、效益、品牌等方面的竞争优势；推动"绿色发展"，把企业发展融入国家战略布局。运行稳、结构优、创新强，进一步提升质量、效益和品牌，全面迈向高质量发展。

2018 年，中国建筑推出了《红色基因　蓝色力量　绿色发展——中国建筑的文化之"道"》课程，以增强文化自信与自觉；推出责任专刊"壮阔历程——从'深圳速度'到'雄安质量'"；编辑出版了新时代中国建筑文化品牌丛书——《"红色基因　蓝色力量　绿色发展"文集》《中国建筑企业文化优秀案例集》；制作了《红色基因　蓝色力量》主题教育片；编制了《红色基因　蓝色力量》主题教育课程。

2019 年，中国建筑在国务院国资委举办的"纪念改革开放 40 年中央企业故事大赛"中，有 10 篇中建故事获奖并获优秀组织奖，其中由优秀故事改编的视频《从深圳速度到雄安质量》还参与了"我和我的祖国"专题展演。参加国务院国资委组织的"'放歌新时代·我和我的祖国'中央企业经典爱国主义歌曲展演活动"，获得良好反响。优化中国建筑文化产品体系，发布"红色基因　蓝色力量　绿色发展"文化品牌丛书 2 册，制作完成敦煌文博会"三个一"品牌文化产品，发布中、英、阿、俄、西、法六种语言的形象片，并获得良好反响，强化员工文化向心力，从红色基因中汲取永远奋斗的蓝色力量。发布"不忘

初心 牢记使命"主题教育片、专刊及课程。

2020 年，中建集团党组书记、董事长周乃翔，党组副书记、总经理郑学选及时奔赴武汉，靠前指挥、实地指导，协调所属子企业，安全、高效、优质完成火神山医院、雷神山医院建设任务，并为医院提供 24 小时全天候、全方位的服务保障，在此过程中，提炼出"听党召唤，勇于担当，团结奋斗，使命必达"火神山雷神山医院建设精神。除此之外，中国建筑在各地建设 98 个疫情防控应急项目。中国建筑坚持以社会主义核心价值观为引领，全面加强文化建设。逐步加强文化载体创新，大力弘扬铁军精神、工匠精神、火神山雷神山医院建设精神，不断发掘和提炼具有中建精神元素的文化和标识，推进企业文化的创新性发展。广泛开展"建证幸福"等文化主题活动，丰富文化展厅、博物馆等文化展示载体，并深入开展安全文化、质量文化等专项文化提升工作。

第二节　构建社会责任管理体系

企业社会责任管理体系是指确保企业履行相应社会责任，实现良性发展的相关制度安排与组织建设。建设企业社会责任管理体系是一项涉及企业的愿景和使命、企业文化和企业发展战略，事关企业长远发展的重大任务。①

社会责任管理并不是一个能以一种理想的方式简单执行、改变的事物。推动社会责任管理是一项理念变革与行动改变双重结合，需要一个职责部门、一套执行机制。同时，它还需要显著、明确的行动，抓住团队成员的注意力，并将它们落实在细节中。

---

① 殷格非等. 企业社会责任管理基础教程 ［M］. 北京：中国人民大学出版社，2008：139.

中国建筑这些年来持之以恒地推进企业社会责任管理，取得了显著成效。所谓"桃李不言，下自成蹊"，中国建筑在推进品牌引领型社会责任管理之道期间，用数不胜数的精品项目和履责行动成就了中国建筑的跨越式成长，逐渐成为可持续发展的模范、央企品牌建设样本、建筑行业的标杆、"一带一路"上的"中国名片"。

一、推进社会责任工作

国务院国资委高度重视中央企业社会责任品牌建设工作。十余年来，从理念导入到能力建设，从融入战略到推进管理，从加强沟通到注重实践，中央企业社会责任成为企业社会责任发展潮流中的主流力量。

国务院国资委 2008 年 1 月发布的《关于中央企业履行社会责任的指导意见》（以下简称《指导意见》）被称为中国企业社会责任运动的"里程碑"。《指导意见》成为中央企业整体推进社会责任"动员令"，要求中央企业要成为履行社会责任的"表率"。《指导意见》提出，中央企业要增强社会责任意识，积极履行社会责任，成为依法经营、诚实守信的表率，节约资源、保护环境的表率，以人为本、构建和谐企业的表率，努力成为国家经济的栋梁和全社会企业的榜样。2009 年 7 月，国务院国资委召开了中央企业社会责任工作会议，要求所有中央企业 2012 年底前发布社会责任报告。

按照国务院国资委的要求，2010 年中国建筑发布了第一份企业社会责任报告——《中国建筑股份有限公司 2009 可持续发展报告》，并一直坚持到现在。第一份社会责任报告得到了中国建筑投资者的青睐，而社会责任报告也是首次直观形象地展示中国建筑的负责任企业内核。往年中国建筑发布财务报告，只是告知股东过去一年取得了可观的财务业绩；而 2009 年可持续发展报告让利益相关方，包括股东看到了中国建筑的综合实力、发展后劲，感受到中国建筑为世界创造幸福和美好，为可持续发展做出了贡献，是一家有价值追求和责任担当的好公司。

2011年，国务院国资委发布了《中央企业"十二五"和谐发展战略实施纲要》（以下简称《实施纲要》），并在2011年11月召开的中央企业社会责任工作会议上明确指出，中央企业要以可持续发展为核心，立足战略高度认识、模范履行社会责任、积极推进"五个央企"建设，为实现"做强做优中央企业、加快培育具有国际竞争力的世界一流示范企业"目标提供支撑。《实施纲要》标志着将中央企业社会责任工作上升为发展战略层面，要求到"十二五"时期末，中央企业的经济、社会、环境综合价值创造能力显著增强，社会沟通能力和运营透明度显著提高，品牌美誉度和影响力显著提升。

为此，中国建筑从战略层面理解社会责任，结合所处的行业特点、企业特点，围绕"拓展幸福空间"的企业使命，以构建责任文化体系为主体，以品牌建设为引领，全面推进社会责任理念融入公司战略、日常运营和员工日常工作之中，实现企业资源的系统规划和整合使用，走上了品牌引领型社会责任管理之路。

2012年，对于中国建筑而言意义非凡。这一年，企业社会责任在中国的发展呈现出深刻的变化，成为中国具有里程碑意义的社会责任管理元年。将社会责任理念融入运营管理的全过程和全周期逐渐成为中国一些先锋企业与国际一流示范企业开展综合竞争、塑造比较优势，进而通过社会责任管理实现"弯道超车"的新进展和新趋势。

2012年3月，国务院国资委启动了为期两年的中央企业管理提升活动，社会责任管理是13个专项管理提升重点领域之一。为了落实国务院国资委的活动，中国建筑探索社会责任融入企业管理的路径，确定以构建企业文化体系为突破口。2012年6月，中国建筑发布《中建信条》，以《中建信条》为核心的责任文化，是以拓展幸福空间为公司使命，以品质保障、价值创造为核心价值观，以诚信、创新、超越、共赢为企业精神，借助柔性的文化引导，并通过对企业文化的心理认同，逐渐地内化为企业成员的主体文化。如此一来，中国建筑重塑了企业文化。

中国建筑积极参与企业社会责任工作会议、论坛等相关活动，交流社会责任工作成效与经验。2012年参加了"第八届中国企业社会责任国际论坛暨2012最具责任感企业颁奖典礼"，并作为获奖企业代表参加论坛对话；参加了"第五届中国企业社会责任报告国际研讨会"并作主题发言；参加了"中国企业社会责任报告评级年度总结会暨《中国企业社会责任报告编写指南（CASS－CSR3.0)》研讨会"并作主题发言；参加了"第四届上市公司社会责任报告高峰论坛"；参加了"第七届中欧企业社会责任圆桌论坛"并作主题发言；参加了中国社会科学院《中国企业社会责任蓝皮书》的发布仪式。自此以后，中国建筑代表经常受邀参加企业社会责任相关活动，并作为典型代表上台发言，分享优秀经验。

为了引领所属企业在工作中履行社会责任，2015年中国建筑编制并发布了《中国建筑社会责任工作指导手册》，共分四章，分别指导所属企业具体开展健全管理机构、开展社会责任沟通、落实社会责任实践及打造社会责任品牌项目等工作。该手册介绍了国际国内社会责任工作标准，可作为工具书供各所属企业参考。2016年1月10日，中国建筑与中国社会科学院合作编制并发布了《中国企业社会责任报告编写指南之房地产业指南》，进一步巩固了公司在房地产行业的引领地位，扩大了公司责任品牌影响力。

2018年，中国建筑以品牌管理体系为依托和载体，以《中国建筑社会责任工作指导手册》为重要纲领，明确总部各部门、事业部负责人员、各二级单位工作推进部门的管理职责与要求，推动社会责任工作向二级单位延伸，确定了"以横向业务线为基础、纵向向子企业延伸"的社会责任推进路径，保障了社会责任工作在公司系统内上下贯通、层层推进。

二、建立绩效评价体系

中国建筑将社会责任的理念融入公司各项考核制度和管理办法，加强评价考核的导向作用，逐步推进社会责任融入各项绩效评价。中国建筑社会责任绩效评价考核方法如图2-1所示。

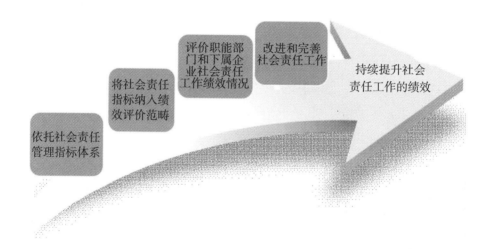

图2-1 中国建筑社会责任绩效评价考核方法

公司每年评选社会责任优秀实践者，发布社会责任工作先进单位。公司计划依据社会责任管理指标体系，逐步将社会责任指标纳入绩效评价范畴，评价职能部门和下属企业社会责任工作绩效情况。根据社会责任绩效评价的结果，及时采取措施改进和完善社会责任工作，持续提升社会责任工作的绩效。另外，中国建筑还依托社会责任管理指标体系，逐步将社会责任指标纳入绩效评价范畴，持续提升社会责任工作的绩效。

总而言之，中国建筑通过培育、沟通和考核对社会责任进行全生命周期管理，逐渐形成了强大的竞争优势，实现了社会责任管理"弯道超车"的飞跃式发展。

三、建立信息披露机制

企业要实施一个长期持续的发展战略，必须建构在其投资人、员工、消费者、政府、供应商、非政府组织、社区、媒体等所有利益相关方对其企业愿景和品牌价值观充分认知与认同的基础上，而没有一个清晰的、有针对性的利益相关方沟通管理机制是很难解决企业发展战略中遇到的沟通问题，更无法起到最大化传递品牌核心价值的作用。

对中国建筑而言，利益相关方既可以分为主要利益相关方和次要利益相关方，也可以分为企业内部利益相关方和外部利益相关方。中国建筑一直以来非常注重与利益相关方进行良好有效的沟通。

一方面，保持对内多渠道沟通。通过公司管理会议了解公司领导层、管理层对不同社会责任议题的关注程度；召开社会责任研讨会，征求利益相关方和社会责任专家对公司议题的意见和建议；通过公司网站、报纸、期刊、业务报告、APP 等媒介与利益相关方进行广泛沟通，收集利益相关方对议题的意见和建议。

另一方面，对外保持多样化沟通。中国建筑建立高效稳定的社会责任信息披露机制，定期发布社会责任报告，参与并组织社会责任相关论坛，建设社会责任网络平台，发表社会责任文章。通过多样化形式，中国建筑不断提升运营透明度，与投资者进行坦诚沟通，确保信息披露内容准确充实，形式贴近市场，最大限度地适应监管机构和投资者的需求。中国建筑对外信息披露机制如图 2 - 2 所示。

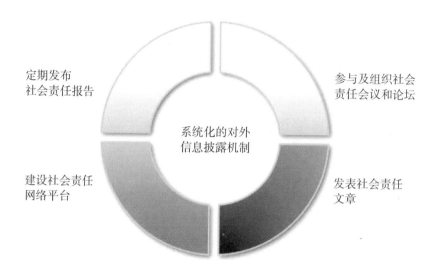

图 2 - 2　中国建筑对外信息披露机制

中国建筑已经连续 11 年发布可持续发展报告/社会责任报告，其已成为指导和衡量中国建筑整体可持续发展水平的重要指标，系统地向利

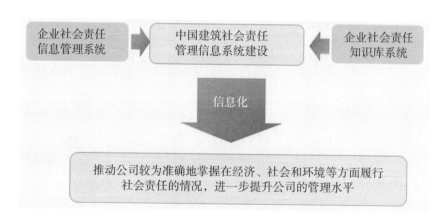

图 2 - 3　中国建筑社会责任管理信息系统建设

益相关方披露公司社会责任理念与实践。仅 2018 年，中国建筑就举行了三场反路演活动，披露信息 128 份，接待百余次现场调研，十余场次电话沟通会议，与近百家机构进行了沟通交流。另外，中国建筑通过官网实时披露社会责任相关信息，让利益相关方随时可以了解公司履责情况和绩效，提升公司的运营透明度。中国建筑社会责任管理信息系统建设如图 2-3 所示。

2018 年，中国建筑高质量完成《中国建筑 2017 可持续发展报告》，基于不同利益相关方信息需求，还制作了可持续发展报告中英文版、纸质版、网络版，并编写报告深度解读文章。该报告蝉联中国社会科学院五星级评级及"金蜜蜂 2017 优秀企业社会责任报告长青奖"。同时，中国建筑指导中国海外集团有限公司、中建三局、中海地产集团有限公司（以下简称中海地产）、中国建筑国际集团有限公司、中海物业管理有限公司等所属企业编发社会责任报告（ESG 报告），持续提升所属企业运营透明度与责任沟通能力。

2019 年，《中国建筑股份有限公司 2018 可持续发展报告》又实现了一个首次，在中国社会科学院社会责任报告 8 项专项评价中，全部达到最高级别——五星级，连续 7 年蝉联中国社会科学院五星级"卓越报告"，获评次数位居行业之首。

2020 年，《中国建筑股份有限公司 2019 可持续发展报告》以"建证·世界一流"为主线，聚焦"一创五强"战略目标，将"五强"目标融入相关篇章，以"逆行建设火神山、雷神山医院"为主元素，展现中国建筑发挥全产业链业务优势，提供支撑社会经济发展、惠及民生的高品质产品和服务，致力成为"中国建造"在全球市场的杰出代表，揭示了 60 多年来中国建筑始终将自身改革发展与国家民族的命运相联结。报告质量再次提升，成为中国社会科学院评定的国内首份"五星佳"报告，获得资本市场的良好反响。

四、融入企业日常运营

中国建筑打造了中国 90% 以上的 300 米以上超高层建筑、3/4 重点机场、3/4 卫星发射基地、1/2 核电站、1/3 城市综合管廊、铁路里程1800 千米、公路里程 20 万千米、轨道交通里程数百千米。在中国，每25 个人中就有 1 个人使用中国建筑建造的房子。中国建筑已成为中国唯一千亿美元级别的基建企业。

中国建筑的履责理念和实践得到了同行的广泛认可，逐渐成为行业履责典范，率先进入履行社会责任优秀企业行列。而这也进一步提升了集团领导层对企业社会责任工作的认可度，坚定了深入推进企业社会责任管理的决心。

社会责任与品牌战略融合。"一带一路"倡议的推进为中国企业"走出去"搭建了新的合作平台，带来了新的市场空间，为中国企业实现转型升级、产业链价值延伸带来了新机遇。中国建筑为抓住"一带一路"倡议的新机遇，主动进行战略调整和管理方式升级，通过一个个经典项目和实实在在的业务数字，再次印证了"一带一路"倡议是契合时代需求、应对全球发展挑战、造福各国人民的良方。

中国建筑的项目遍布世界各地。为了让中国建筑的子公司在全球范围内履行企业社会责任，而不是局限于集团总部，中国建筑以品牌建设为载体，将责任融入品牌战略，在中国建筑所属公司及项目施工场地，做到用统一的形象展示"拓展幸福空间"的企业使命以及相关的文化理念。实际上，要将社会责任从理念升级为融合阶段，从公司总部落实到子公司、分公司、施工场所，层层贯彻，一直是很多企业的难点，但是中国建筑通过品牌化、标准化实现了突破，取得了明显成效。中国建筑所属各子公司已经将社会责任管理融入企业日常管理和业务发展中，在业界的口碑和美誉度不断上升，品牌竞争力大幅提高。

社会责任与业务发展融合。社会责任管理对于中国建筑而言是一种全新的管理理念，使之以一种可持续发展的眼光来审视公司业务发展方向。《中建信条》这样定义：我们致力于在投资建设领域实现长期可持续发展，我们在发展过程中始终强调一切以客户为中心，不断提升诚信履约能力，保障我们的项目品质、管理品质、服务品质持续优化；通过高品质的服务实现与各利益相关方的共赢和价值的最大化。这些年中国建筑业务发展越来越快，履责实践也是步步跟进、从不拖后腿，才使之在全球行业的影响力也越来越大。

第三节　探索品牌战略模式

在创建世界一流示范企业、开启企业发展和品牌建设新征程中，中国建筑秉承"拓展幸福空间筑就美好生活"品牌理念，以品牌定位为切入点，开展品牌重塑相关工作，塑造与世界一流示范企业相匹配的品牌价值和企业形象。

相对于外资企业，中央企业在社会责任领域方面起步晚、发展缓慢，一切都以外资企业为模板，抱着学习和崇拜的心态。经过这十多年的积累，以中国建筑为代表的中央企业正在赶超外企，以一以贯之的责任担当和创新精神在社会责任管理方面探索了一套卓有成效的管理体系，不仅在国内甚至在国际上形成了中央企业的责任品牌代表。

一、品牌优化升级

中国建筑将品牌定位作为建立一个密切联系市场的品牌形象的过程和结果加以把握，自2013年起，基于中国建筑发展的现状，为满足业务发展、价值链整合的市场需求，充分展示品牌优势，中国建筑启动了品牌优化升级工作。

经过深入研究探讨，中国建筑品牌优化升级主要突出企业整体实力、优势和差异化定位。基于广泛调查与分析评估、选择最具有品牌竞争力的定位，最终以"实力领先、诚信可靠"和"价值创造和管理"为品牌定位的方向。具体内容为：

（1）品牌对象，由主要针对"政府、大型企业"扩充为面向"政府、大型企业、个人消费者"。

（2）市场范畴，由主要针对"房屋建筑施工"向房屋建筑、基础设施建造、城市综合建设、投资、地产、金融、环保等多元化业务发展转变。

（3）核心价值，与企业文化相协调，由主要体现"高质量、重信誉"向"品质保障、价值创造"转变。

（4）客户认同，由"大型国企、跨国经营"进一步丰富向"大型国企、国际化经营、创新驱动、可持续发展"转变。

通过精准的品牌定位，中国建筑确定了"三大"市场策略，即"大项目、大业主、大市场"。推行大项目底线管理，提高市场营销质量，"抢占高端、稳定中端、放弃低端"，广泛开展与地方政府、大业主的战略合作，陆续实施了北京国贸中心、"水立方"、上海环球金融中心、深圳平安金融中心、香港新机场、神州载人航天工程、大亚湾核电站、哈大高铁、雄安市民服务中心等一大批标志性高端项目。在海外，中国建筑承建了埃及新首都CBD项目、马来西亚最高建筑标志塔、刚果（布）国家一号公路、阿联酋伊提哈德铁路网二期工程、新加坡岌巴地铁站及隧道、斯里兰卡南部高速公路、文莱淡布隆跨海大桥、阿尔及尔新机场、泰国曼谷素万那普国际机场、中巴经济走廊最大交通基础设施工程——巴基斯坦PKM高速公路等一大批重点基础设施建设项目。"三大"市场策略提高了业务安全系数，降低了交易成本，增加了经济效益，极大地提升了"中国建筑"品牌影响力。

通过"区域化、专业化、标准化、信息化、国际化"战略的实施，中国建筑实现了内部资源的优化配置。中海地产、中建钢构有限公司（以下简称中建钢构）、中建电力建设有限公司（以下简称中建电力）、中建交通建设有限公司（以下简称中建交通）、中国建筑装饰集团有限公司（以下简称中建装饰）等一批专业公司的整合，既拓展了发展空间和品牌影响力，也为中国建筑在市场竞争中发挥全产业链优势和推进"大市场、大业主、大项目"的市场策略提供了专业支撑。如中海地产连续 14 年位列"中国房地产行业领导公司品牌"。

二、创新传播模式

在全媒体不断发展的现今，全程媒体、全息媒体、全员媒体、全效媒体，舆论生态、媒体格局、传播方式发生了深刻变化。中国建筑将品牌定位作为品牌传播的客观基础，创新传播模式，突出行业特色，以"打造世界投资建设领域第一品牌"为传播定位，开展品牌推广专项行动，加速传播"中国建筑"品牌独特形象和价值理念，彰显品牌丰富内涵。

1. 明确一个品牌传播目标

中国建筑把坚持党对宣传思想工作的全面领导落到实处，更好地承担起举旗帜、聚民心、育新人、兴文化、展形象的使命任务，在学好用好习近平新时代中国特色社会主义思想上展现新作为，在增强新闻舆论的传播力、引导力、影响力、公信力上展现新作为，在推进精神文明和企业文化建设上展现新作为，在彰显中国建筑品牌形象上展现新作为，在牢牢把握意识形态工作领导权和主导权上展现新作为，使中建集团成为中央企业宣传思想工作的"排头兵"。

2. 设置一个融媒体中心

习近平总书记在中共中央政治局第十二次集体学习时指出，要加快推动媒体融合发展，构建全媒体传播格局。他还多次强调，各级领导干部要主动适应信息化要求、强化互联网思维，善于学习和运用互联网，坚持做到正能量是总要求、管得住是硬道理、用得好是真本事。党中央也提出了对各类媒体阵地的管理要实现"两个所有"（所有从事新闻信息服务、具有媒体属性和舆论功能的传播平台都要纳入管理范围，所有新闻信息服务和相关业务从业人员都要实行准入管理），这对集团的媒体阵地管理工作提出了新要求。

中国建筑设立融媒体中心，并将报、刊、网、新媒体等所有内部媒体阵地纳入其中，其具体职能包括运营集团报纸、专刊、网站、新媒体等，完成"策采编发评"各项工作，并统筹管理集团内部各类各层级内部媒体；制作和定期更新集团文化片、形象片、业绩片、党建宣传片等企业文化产品；运营集团四语种外文网站和海外社交媒体等；运维融媒体平台等。

3. 打造一个融媒体平台

中国建筑围绕"举旗帜、聚民心、育新人、兴文化、展形象"这一使命任务，加快融合步伐，建立融合传播矩阵，打造融合产品，取得了积极成效。从2017年10月启动中国建筑融媒体平台建设工作，经过近半年的试运行，中国建筑融媒体平台、四语种官方网站于2018年11月正式上线。

公司以内容为王，积极转变工作方式，从传统线下采编转换至中国建筑融媒体平台，从原有报、网、刊、新媒体各自为政到融为一体，做到了"你就是我，我就是你"，共享互通，实现了"策划—采集—编审—发布—考评—存储"数字化管理，涵盖集团总部、子公司及项目部等层级，包括策划中心、采编中心、资源中心、传播力分析、考核系统、舆情监测、意见反馈等模块，基本实现了宣传思想工作全过程的信息化操作。截至2019年3月，中国建筑所属各单位共建立自有媒体808

个，其中报纸 80 种、刊物 52 种、官方网站 162 个（含外文官网 12 个）、微信公众号 409 个、社会新媒体账号 60 个，包括海外社交媒体平台账号 6 个。所有经认证的自有媒体账号，已全部录入融媒体平台进行统一管理。

4. 打造三张名片

中国建筑从服务党和国家事业大局的高度出发，结合创建世界一流示范企业实践，贯彻落实集团海外优先战略，以"坚持国家站位、全局考量，坚持一国一策、分步推进，坚持目标引领、问题导向，坚持渐进稳妥、务求实效"为原则，在夯实基础、讲好故事、拓展渠道、创新方式、融合文化五个方面下功夫，构建中国建筑"大海外品牌传播平台"，开创中国建筑海外品牌传播工作的新格局，努力打造中国建造、中国友谊、中国精神三张名片，以企业生动实践讲好中国故事，传播好中国声音，提升中国建筑全球化品牌的新形象，展现中国建筑助力国家形象塑造的新作为。

中国建筑打造海外品牌传播工作"113"工作框架体系（1 个实施意见，1 个实施方案，3 个专项方案——推进专项方案、试点专项方案、人才培训专项方案），并将海外社交平台发展置于这一体系之下，作为建设大海外品牌传播平台、增强国际传播能力的重要组成部分。从海外经营实际出发，结合海外子公司所在国家和地区的特点，坚持一国一策、全局考量，制定并实施"一个试点＋两个批次＋两个阶段"推进计划，分批次、有重点推进海外品牌传播工作。把破解人才"瓶颈"作为突破口，制订实施"三年培训、百人计划"海外品牌传播骨干人才计划，夯实能力基础，推动海外品牌传播长远发展。深入研究海外社交媒体平台运营规律，在开通运营过程中边探索、边总结、边提高，打造讲好中国故事的自有媒体阵地。将全系统海外社交平台账号纳入统一管理。坚持统一发声，要求在同一个国家和地区，由一个子公司牵头负责。坚持备案机制，要求各级子公司在开通海外媒体阵地账号前上报集团总部备案。坚持统一名称标识，制定海外社交平台账号名称标识规则，统一使用"中国建筑＋所在国的名称和中国建筑 Logo"，形成传播合力，更好地展现企业海外品牌形象。坚持打造统一工作平台，深化开发"中国建筑融媒体平台"，为海外社交平台矩阵日常的策采编发提供高效技术平台。构建了"中建集团融媒体中心＋海外品牌传播团队＋当地外籍专家＋国际专业制作团队＋中央主流媒体驻当地机构＋当地主流媒体"的融媒协创机制。在海外品牌传播工作中，努力寻找中外文化的交会点、话语的共通点和情感的共鸣点，从企业出发，从员工出发，从普通人出发，讲述小故事中的大情怀、多讲具体的人和事，向海外受众讲述有温度、有内涵、有情怀的故事。

5. 树立中建榜样

中国建筑高度重视典型示范和榜样引领作用，建立了选树培育、关怀关爱的长效机制，先后发掘并重点宣传了"大姐书记"陈超英、"大国工匠"张锦秋、全国道德模范央企楷模陆建新、"华龙一号"核岛项目党支部等一批先进人物和集体，树立起践行社会主义核心价值观和企业文化的"中建榜样"群体。围绕"坚守初心使命、敢于担当作为、争做敬业奉献模范"开展系列宣传工作，扩大"中建榜样"影响力，通过典型引领，弘扬社会主义核心价值观，在全集团营造崇尚榜样、学习榜样、关爱榜样、争做榜样的浓厚氛围，凝聚起昂扬向上、奋发有为、创建世界一流示范企业的精神力量。

第四节　打造扶贫"中建模式"

与社区共同发展是企业社会责任的重要组成部分。在中央企业，精准扶贫是重要的社会责任工作之一。习近平总书记说："全面建成小康社会，是我们对全国人民的庄严承诺，必须实现，而且必须全面实现，没有任何讨价还价的余地。不能到了时候我们说还实现不了，再干几年。也不能到了时候我们一边宣布全面建成了小康社会，另一边还有几千万人生活在扶贫标准线以下。如果是那样，必然会影响人民群众对全面小康社会的满意度和国际社会对全面小康社会的认可度，也必然会影响我们党在人民群众中的威望和我们国家在国际上的形象。我们必须动员全党全国全社会力量，向贫困发起总攻，确保到 2020 年所有贫困地区和贫困人口一道迈入全面小康社会。"

因此，中央企业扶贫能够做出成绩、做成典范，也是责任品牌的有机组成部分之一。

中国建筑坚决贯彻党中央关于打赢脱贫攻坚战的决策部署，踏石留印、抓铁有痕，做好扶贫顶层设计，抓好扶贫作风建设，打造扶贫"中建模式"，做到目标明确、任务明确、责任明确、举措明确，精准发力，带动全系统与各地方政府、机构密切合作，形成大扶贫格局，共同打赢脱贫攻坚战。

一、优化顶层设计

中国建筑将扶贫工作纳入重要议事日程，建体系、定规划、抓调研、保落实，为打赢脱贫攻坚战提供有力的组织保障。2018 年，党组会涉及扶贫工作议题 10 次，专题研究定点扶贫工作 3 次，审议扶贫议案 31 项。制定《打赢扶贫攻坚战三年行动的工作实施方案》和11 个专项工作方案，明确了 2018～2020 年定点扶贫时间表、任务书和路线图。

中国建筑安排多名党组成员历时 14 天先后深入定点扶贫三县（甘肃省卓尼县、康乐县、康县）调研考察，走访慰问贫困群众 50 余户，考察扶贫项目 20 余个，与扶贫干部谈话谈心 12 人次，形成调研报告

3份。

中国建筑为保障资金落实，印发了《2018年定点扶贫工作责任分工表》，指派4家企业结对帮扶3个定点扶贫县，将扶贫工作纳入总部部门绩效考核和子公司党建工作责任制考核，确保年度工作计划落细落实。实施最严格的考核评估，开展督查巡查，把扶贫领域作风问题专项治理作为落实脱贫攻坚政治责任的具体行动，为打赢打好扶贫攻坚战提供坚强有力的纪律保障。

中国建筑遵照"精准扶贫 精准脱贫"的基本方略，结合贫困县脱贫攻坚实际，聚焦帮助贫困群众稳固脱贫持续发力，打造扶贫"中建模式"，在2018年度中央企业定点扶贫工作考核中获最高等次"好"的评价。

二、打造"全生命周期"的产业扶贫模式

"发展产业是实现脱贫的根本之策。"中国建筑坚持"造血"式帮扶理念，充分发挥投资、建设、运营、发展全产业链业务优势，对产业扶贫项目实行"全生命周期"管理。

中国建筑先后投入扶贫资金建设完成康县"低垭云海"、卓尼县吾固村旅游开发等项目，中国建筑第四工程局有限公司投资帮助贵州遵义贫困村发展了800余亩辣椒产业、1000余亩黄花菜特色产业，这些项目不仅推动村容村貌发生显著变化，还为旅游富民奠定基础。

中国建筑发挥旅游业"一业兴、百业旺"的行业优势，打造中建卓尼特色产业示范区项目，通过加强旅游基础设施建设，带动当地餐饮业、农副土特产销售、旅游纪念品开发的蓬勃发展，努力找到一条发挥区域优势、适合山区发展、加快群众脱贫致富步伐的成功之路，帮助贫困群众脱贫致富，被列为甘肃省脱贫攻坚观摩拉练活动现场的观摩项目。

中国建筑西北设计院有限公司通过调研陕西省榆林市靖边县宁条梁镇大滩村,建议其试种藜麦,出资选购藜麦良种交其试种。斥资50余万元建立以藜麦深加工为主的小杂粮加工厂,以"合作社+支部+农户"的模式运营,帮助注册农业商标"庄缘美"。藜麦深加工后预计每斤售价可达30元以上,2019年收益突破40万元。

三、打造"全过程服务"的就业扶贫模式

中国建筑建立"抓培训、强技能、促就业"的脱贫服务体系,对贫困群众就业提供"组织动员—技能培训—岗位供给—跟踪保障—职业发展"全过程服务,提升贫困户劳动力职业技能,每年招收20余万名贫困县农民工,积极推进就业扶贫。率先打造建筑产业工人培育基地,联合住建部在四川叙永、河南固始建立全国示范劳务基地,为劳务输出扶贫探索中建经验。同时创办"中建高级技能人才培训班",对100名贫困学生开展学历教育和技能培训并提供就业岗位。

中建新疆建工(集团)有限公司(以下简称中建新疆建工)为确保南疆四地州转移就业人员稳定就业,投入200余万元,集中组织转移就业人员全封闭培训,培训内容以建筑工人技能培训为主,涵盖汉语教育、城市生活、感恩教育等,并组织汉族员工与维吾尔族员工结对相互交流学习,使转移就业人员的汉语水平和技能素质得到大幅提高,大批转移就业人员已充实到生产一线岗位。中建新疆建工已安置南疆四地州转移就业贫困人员309人。

四、打造"全方位保障"的教育扶贫模式

让贫困地区的孩子们接受良好教育是扶贫开发的重要任务。我们投资建校,选派师资,传授知识,育人成才,送教进山,带娃出山。

承德市滦平县大屯镇路南营小学硬件条件较差,无法保障日常教育

教学、饮用水安全和冬季采暖。中建路桥集团有限公司履责担当，携手人民日报社海外版，采用钢骨结构新型绿色装配式技术，历时5个月建成一栋现代化教学楼及两个标准化运动场，为孩子们幸福成长提供可靠保障。

中建五局土木工程有限公司"超英爱心联盟"定点帮扶广西板岭、镇西小学贫困学生，除捐款捐物外，还经常与孩子们联系沟通，利用自身资源帮助孩子们解决困难。截至2018年底，"超英爱心联盟"已连续走进大山26次，累计行程2000多千米，为近800名贫困学生捐助爱心款约22万元。

五、打造"全要素管理"的消费扶贫模式

中国建筑发挥市场化运营优势，动员企业内外部资源，充分依托庞大合作伙伴群体、全行业最大网络集采平台和房地产行业领导品牌的资源优势，打造"搭建电商平台＋培育畅销产品＋拓展消费市场""三位一体"的"全要素管理"消费扶贫模式。

利用互联网平台为贫困地区群众增收创造条件。中国建筑"云筑电商"平台2017年的合同履约金额已经达到4839亿元，线上交易量很大。依托集团"云筑电商"平台建立专门的扶贫超市业务板块，利用"云筑电商"庞大的采购需求，帮助贫困地区建立特色产品线上交易模式，以互联网信息技术推动当地特色商品销售手段更新换代，帮助贫困地区创收，加快脱贫步伐。在同等条件下，贫困地区投资建造的项目和企业分支机构，建筑材料应优先从贫困地区采购，带动贫困地区经济社会发展。搭建特色产品线上线下销售渠道，推广以购代捐的扶贫模式。甘肃定点扶贫三县共16家供应商注册、上架销售商品379种，截至2018年底，总部及34家二级单位在扶贫商城下单采购1362笔，采购金额712.6万元。

中海地产帮助国家级贫困县山西岚县特色农产品创立了"秀容小米"品牌，并为其免费设计与定制包装、开设网店，还实际购买产品、发动业主成为其客户，为扶贫农产品打开销路。同时，结合业务在全国开展了230余场宣传推广会。中海地产严控质量，以高于市价10%的价格收购30万斤谷子，并向农户发放额外补贴。自2018年8月网店上线至年底，"秀容小米"线上线下销售近6.8万笔，网店几度断货。

六、多种扶贫措施共举

推进金融扶贫，为扶贫攻坚提供足够资金保障。金融扶贫是打赢脱贫攻坚战的重要支撑。2015年，中国建筑与甘肃省签订了千亿元"丝路"交通基金，又出资5亿元加入中央企业贫困地区产业投资基金，并积极推介该基金对贫困地区产业进行投资。这两只基金都是市场化运作，中国建筑积极引导这两只基金向贫困地区投资，并探索与其他社会资本设立扶贫产业基金，拓宽扶贫资金来源渠道，以金融手段为扶贫攻坚提供资金保障。一方面，金融业务部加强对扶贫地区的调查研究，寻找符合基金投资条件的产业项目，帮助引进扶贫基金并动员社会资本共同参与；另一方面，各子公司主动作为，加强与贫困地区政府的沟通协作，寻找产业发展前景好、扶贫预期效果好的项目，让基金有更多"用武之地"。

推进工程建设扶贫，拉动贫困地区经济社会发展。中国建筑是全球最大的投资建设集团，发挥工程建设的自身优势，拉动贫困地区经济社会发展，从而推动当地脱贫攻坚是工程建设扶贫的特色。中国建筑高标准设计建造了敦煌文博会展场馆，打造了一个丝路明珠新景点，每年吸引百万计游客造访，明显拉动当地经济发展；云南华丽高速公路项目组，在工程建设推进中就积极主动参与地方脱贫攻坚，修建村级道路、捐赠教育基金、解决农民工就业、结对子定向帮扶贫困户；通过昭通文体公园项目的高效履约，主动承担昭通市集中连片贫困人口搬迁安置，体现了中央企业的责任担当。通过 PPP 模式建设的甘肃国道 341 线、312 线等工程有力支撑了兰州新区和"丝绸之路经济带"建设。

第三章　品牌引领型社会责任管理之道

自中国建筑进入企业社会责任管理新阶段以来，企业社会责任开始逐渐融入企业运营和管理的全过程。社会责任与企业研发、采购、生产、销售及售后服务等相结合形成的管理模式，在一定程度上可以说是一个能感受到的有形过程。同时，在这有形的背后，一方面是在各利益相关方中达成一定的共识，形成负责任的企业形象的认同，体现为责任品牌；另一方面则在内部表现为一定价值观念和精神，体现为责任文化。

如今，中国建筑从宏观理念引导到实际执行建立了全面推进、层层渗透、全员参与的社会责任管理体系，探索出具有自身特色的品牌引领型社会责任管理路径。

第一节　构建责任品牌模型

关于社会责任管理的内容，《可持续发展经济导刊》（原《WTO 经济导刊》）杂志社首席顾问殷格非曾经在《企业社会责任管理》中进行了界定："企业社会责任管理就是要把社会责任和可持续发展理念完全融入一个企业的运营过程之中，融入到每个管理职能中，融入到每个员工的日常工作中，直至融入到公司文化，公司使命和公司的核心价值观中，提升企业经营理念，转变企业经营管理方式，实现企业可持续发展，促进企业与社会的共同可持续发展。"

段格非认为，初步可以考虑企业社会责任管理三方面的内容，包括企业社会责任理念管理、生产运营过程社会责任管理以及职能部门社会责任管理。

中国建筑正是按照社会责任管理思路，结合自身的行业特点，建立品牌引领型社会责任管理系统。第一，开展社会责任理念管理，形成了新的企业使命：拓展幸福空间。第二，落实到实现的目标以及方针路径，与不同的利益相关方形成拓展幸福空间的共识。第三，为这些具体的空间制定相应的指标，并为每个空间目标实现规定相关的职能部门。中国建筑品牌引领型社会责任管理模式如图 3 – 1 所示。

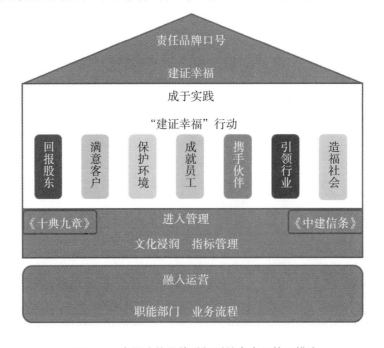

图 3 – 1　中国建筑品牌引领型社会责任管理模式

如此一来，中国建筑实现了从社会责任理念管理到融入社会责任理念的企业使命，进一步落实到每一个利益相关方达成共识的目标和指标，这些目标和指标又由相关职能部门（事业部）来承担，就会进一步落实到生产运营的每个环节，从而形成了融入现有管理体系的社会责任闭环管理。① 中国建筑社会责任管理体系如图 3 - 2 所示。

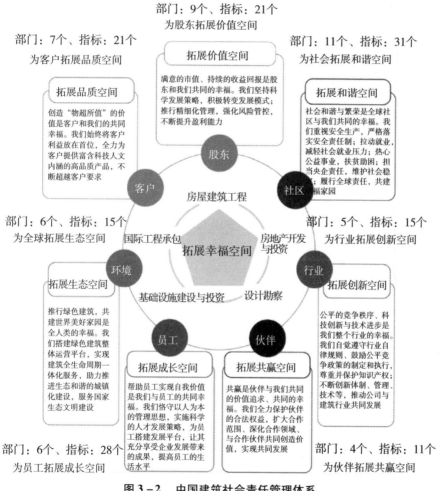

图 3 - 2　中国建筑社会责任管理体系

① 殷格非.企业社会责任管理解码责任竞争力［M］.北京：中国三峡出版社，2018：19.

基于这样的系统，中国建筑构建了源于使命、成于实践、进入管理、融入运营的社会责任管理模型，并以品质是品牌之基、责任是品牌之核、文化是品牌之魂、创新是品牌之路为指引，形成了品牌引领型企业社会责任之道。

一、源于使命：让每一个员工都认同

一家公司的使命是它的灵魂的表述。微软 CEO 萨提亚纳德拉在《重新发现商业与未来》中这样论述：每一个人、每一个组织乃至每一个社会，在到达某一个点时，都应点击刷新——重新注入活力、重新激发生命力、重新组织并重新思考自己存在的意义。

企业使命、愿景和核心价值观不仅仅是一种口号和宣言。企业使命定义了企业存在的理由和价值，也定义了它的一些发展原则，运营和决策过程当中的原则。愿景定义了它希望成为一个什么样的组织，它们实际上是指导公司管理和运营的哲学角度的原则。企业社会责任理念有可能带来企业使命、愿景、核心价值观、治理理念等一系列的变化。

新时代、新作为。2018 年 1 月 15 日，作为学习宣传贯彻党的十九大精神的重要举措之一，中国建筑正式推出企业文化手册《中建信条》（修订版）。这是《中建信条》自 2012 年推出后的首次修订，标志着中国建筑全面深化企业文化建设与管理的新开端。《中建信条》（修订版）明确了以下内容：

（1）企业使命：拓展幸福空间。

（2）企业愿景：成为最具国际竞争力的投资建设集团。

（3）核心价值观：品质保障、价值创造。

（4）企业精神：诚信、创新、超越、共赢。

"《中建信条》是一座航标，我们循航而行，可以引导中国建筑沿着健康持续的发展航线驶向共同的理想目标。"

使命是一家企业终极责任的集中体现，它回答了中国建筑"为何存在，为谁存在"的核心问题。中国建筑确立自己的使命为"拓展幸福空间"，其明确：拓展幸福空间，为客户创造价值；拓展幸福空间，为员工创造价值；拓展幸福空间，为股东创造价值；拓展幸福空间，为社会创造价值。"满意客户、成就员工、回报股东、造福社会"共同构成了中国建筑企业使命的主旋律。

二、成于实践：兼顾每一个利益相关方

如何达成企业使命，中国建筑必须找到实践的方向。从自身的业务发展和责任初心出发，中国建筑以"为利益相关方拓展充满幸福感的发展空间"为己任，确定企业使命、愿景、核心价值观和企业精神，并作为公司在处理与客户、员工、股东、社区等利益相关方的关系时信奉和秉承的最基本的原则和理念。

中国建筑希望自己是一家值得每一个员工愿意加入、愿意为之奋斗的公司，每一个股东都为之骄傲的公司。当然，这不仅因为这是一家大公司，而是因为这是一家好公司。而一家好公司，应兼顾所有的利益相关方。为此，中国建筑围绕着"拓展幸福空间"的企业使命，细化并确定了七大利益相关方：回报股东——拓展价值空间，满意客户——拓展品质空间，保护环境——拓展生态空间，成就员工——拓展成长空间，携手伙伴——拓展共赢空间，引领行业——拓展创新空间，造福社会——拓展和谐空间。

回报股东——拓展价值空间：我们关注股东长期、持续的收益和回报，致力于建立良好的投资者关系，真实、准确、完整、及时地披露企业信息，建立健全股东权益保护机制；不断提升盈利能力，强化风险防控，以良好的经营业绩保障股东价值的最优化和持续性。

满意客户——拓展品质空间：我们将客户利益放在首位，充分发挥

49

资源、资本、管理、技术和人才优势，为客户提供建筑一体化最优解决方案和综合服务。我们关注客户的近期和远期利益，尊重并坚定履行对客户的每一份承诺，持续满足客户要求，为客户提供最佳解决方案和最优服务。我们致力于获得客户的恒久信赖，构筑与客户间长远、共赢的伙伴关系。

保护环境——拓展生态空间：中国建筑以新型建造、绿色建造、智慧建造为导向，打造绿色产业链，努力成为生态环境服务提供商和运营商，建设"美丽中国"的推动者，全球可持续城市的建设者，为全球人民建设绿色家园、提供最普惠的民生福祉。

成就员工——拓展成长空间：我们恪守以人为本的管理思想，在全球范围内配置人才，促进人才的合理分布与流动，为员工成长提供全面的职业发展通道和广阔的发展空间，锻造世界一流人才，推动中国建筑高质量发展。同时，让员工充分享受企业发展带来的利益成果，促进员工与企业共同发展。

携手伙伴——拓展共赢空间：我们始终秉持"人类命运共同体"理念，坚持与全球利益相关方形成利益共同体，以做大共同利益谋求可持续发展，在分工与协作中共同承担责任，共同创造价值，共同分享利益，共同达成目标，共同实现发展。

引领行业——拓展创新空间：我们以开放的心态和国际化视野积极主动地开展各项工作，不断优化和完善工作方法和流程，着力提高工作效率，提升服务质量，营造创新氛围，树立充满活力、不断创新的企业形象。自觉遵守行业自律规则，鼓励公平竞争政策的制定和执行，尊重并保护知识产权，引领行业持续提升技术管理水平，以"中国建造""中国智慧""中国方案""建证"全球幸福。

造福社会——拓展和谐空间：我们热心公益事业，营造绿色空间，为社会和谐稳定、持续发展奉献力量。我们在海外业务上坚持属地化经营，带动当地经济发展。我们积极执行国家的方针政策，恪守现代商业伦理和行业规范，以实际行动承担起国有企业的政治、经济和社会责任，做优秀的企业公民。

通过在实践中满足这些利益相关方的期待和诉求，中国建筑"拓展幸福空间"的使命得以落地。

三、进入管理：让每一项工作有人管

为了拓展幸福空间而存在，让谁幸福的问题已经解决了。那么，如何让这一颗责任的种子植入土壤，生根发芽，茁壮成长，为人们美好生活做出贡献呢？

让社会责任的思维融入每一项管理中，让每一项工作都与责任形成对接。为此，中国建筑多管齐下，内外互促，主要从以下三个方面入手。

1. 建立管理体系：制定规划，统筹工作

任何一家企业，要让社会责任管理落地生效，必须有专门的部门负责和推动，中国建筑逐步完善社会责任管理，建立覆盖公司各层级、各领域的品牌引领型社会责任工作体系。

公司成立了社会责任委员会，负责领导公司整体社会责任工作，审批公司社会责任工作规划及管理制度，审议公司社会责任管理重大事项。社会责任委员会在董事会领导下，由公司高级管理层和职能部门负责人组成。

社会责任委员会下设社会责任工作办公室，由总部相关部门工作人员组成，主要负责编制社会责任工作规划、管理制度，有序开展责任文化、责任管理、责任实践及责任品牌等相关实践，对外开展社会责任交流，编制发布企业社会责任报告。

2. 确定管理工具：细化指标，推广应用

职能部门社会责任管理最终要落到社会责任管理指标上，这些管理指标一方面是企业社会责任管理的方向，另一方面也是衡量职能部门以及企业社会责任管理成效的尺度，同时也是考核相关业务部门和员工的重要指针。

2012 年，中国建筑开展了《中国建筑社会责任指标管理手册》的调研、编写工作，探索构建中国建筑乃至行业社会责任管理指标体系，为行业社会责任管理提升做出努力。

《中国建筑社会责任指标管理手册》明确了公司社会责任指标体系所涉及的战略与治理、股东/投资者、客户、环境、供应链、行业、员工、社区 8 个领域、38 个议题、188 个指标，涵盖了 ISO 26000 社会责任国际标准、全球报告倡议组织《可持续发展报告指南》通用指标（GRIG3）、建筑地产行业补充指标（GRICRE）、《中国社会责任报告编写指南》建筑地产行业社会责任指标（CASS 2.0）及《对外承包工程行业社会责任指引》（以下简称《指引》）等社会责任报告编写相关指导文件的大部分指标。

一方面，《中国建筑社会责任指标管理手册》的实用性非常强，可以普及社会责任指标管理基础知识，让公司职能部门、二级单位、三级单位及项目部的社会责任管理人员对社会责任内容有一个系统的了解，指导公司员工在日常工作中开展社会责任指标管理。

另一方面，《中国建筑社会责任指标管理手册》有助于中国建筑管理部门实时掌握社会责任各方面指标的履行情况，及时诊断公司运营中面临的风险和不足，系统提升公司的社会责任管理水平和能力，增强公司抵御风险与持续发展的能力。

3. 构建企业文化：统一认识，规范言行

社会责任工作需要全体公司形成共识，并转化为行动。为了让社会责任工作由自发转变为自觉、由公司要求转变为员工的价值追求，中国建筑从意识形态方面解决这个问题，而这在本质上与企业的文化息息相关。

为此，中国建筑开始不断尝试构建一套责任文化体系。从2011年8月开始，一场针对企业文化核心的调研活动在中国建筑陆续展开。接受访谈调研的包括中国建筑各级单位高管、中层负责人、一线员工共778人，形成近134万字的调研笔录，并收回有效调研问卷6369份。

分析发现，受调查对象普遍关注的员工、社会、行业和客户正是企业社会责任的重要利益相关方，而大家有这样的想法，也正是多年来中国建筑的企业社会责任在每个人心中的根植。中国建筑内部经由反复的讨论，最终决定要从责任这个层面来考虑中国建筑存在的使命，根植并贯穿于文化核心体系之中。经过调研诊断、总结梳理及提炼升华，中国建筑重新确立了企业使命、企业愿景、核心价值观和企业精神，形成了《中建信条》文化手册。

2012年6月，企业文化手册——《中建信条》正式对外发布，这标志着一套责任文化体系初步形成。《中建信条》发布以后，成为全公司的价值追求，着眼于推进对中国建筑发展战略的认同、理想信念的认同，成为广大员工心灵的寄托和归宿。中国建筑将母公司文化与子公司文化充分融合，把价值观与工程项目实现"无缝对接"，与发展紧密相融，让世界看到了中国建筑在"拓展幸福空间"使命中不变的精神内核——诚信、创新、超越、共赢，看到了中国建筑"品质保障、价值创造"的文化基因。

知是行之始，行是知之成。坚定的理想信念和文化理念必须付诸行动，必须用时间来检验。行胜于言，贯彻《中建信条》重在内化于心，更在付之于行。

为此，中国建筑经过研究，2014 年 8 月 15 日出台了行为规范手册《十典九章》，即行为十典和礼仪九章，这是《中建信条》的延伸，是践行《中建信条》的行动指南，帮助员工将公司的理念贯彻下去、落实在行动中。

行为十典：笃诚守信、品质至上、专业敬业、严守规范、持续创新、融合高效、协同联动、清正豁达、拼搏进取、绿色人文。礼仪九章包括总则：尊重平等、真诚宽容、适度适宜、自律自省；细则：协调、有序、适时、规范、随俗。

只有把中国建筑核心文化理念转化为员工的行为习惯，融入具体日常工作之中，做到既"内正其心"又"外正其容"，实现真正的知行合一，才能让社会责任管理的"最后一公里"得以落地。

自从该规范发布以来，中国建筑所属子公司通过不同形式，立体化、多渠道地在开展《十典九章》学习宣贯，将《十典九章》的精神传达到每一个人、每一个角落，真正实现员工行为与公司价值导向的有机统一。

通过这一行为规范，引导员工身体力行，形成独特的"责任烙印"。而在这一过程中，公司实现了全面发展，国内外市场不断增长，业务能力大幅提高，一跃成为令人尊敬的好公司。

四、融入运营：让每一个部门有事干

拓展幸福空间的关键一步，也是"最后一公里"——融入运营。社会责任不只是停留在企业管理中，还需要融入业务运营，这样才能让企业从内到外、从上而下整体的运行都处于可持续、负责任的状态中。

企业生产经营过程社会责任管理就是将社会责任理念、目标、方法和绩效融入企业的研发、设计、采购、生产、销售和售后服务等管理、生产、运营全过程，确保企业实现负责任的生产运营，不断提升自身的可持续发展能力。

为了让社会责任真正融入日常运营的每一个环节，中国建筑为每个空间目标实现规定了相关的职能部门，包括为回报股东——拓展价值空间制定了 21 个社会责任指标，规定由 9 个相关职能部门（公司）来承担；为客户拓展品质空间制定了 21 个社会责任指标，由 7 个相关职能部门（公司）来承担；为保护环境——拓展生态空间制定了 15 个社会责任指标，规定由 7 个相关职能部门（公司）来承担；为成就员工——拓展成长空间制定了 28 个社会责任指标，规定由 6 个相关职能部门（公司）来承担；为携手伙伴——拓展共赢空间制定了 11 个社会责任指标，规定由 4 个相关职能部门（公司）来承担；为引领行业——拓展创新空间，制定了 15 个社会责任指标，规定由 5 个相关职能部门（公司）来承担；为造福社会——拓展和谐空间制定了 31 个社会责任指标，规定由 11 个相关职能部门（公司）来承担。

如此一来，中国建筑以负责任的可持续发展理念来做好自身各项业务，将社会责任融入企业职能管理各板块，确保了企业实现负责任的管理、运营，不断提升自身的可持续发展能力。

第二节　确立责任品牌口号

为人民幸福生活而努力奋斗是中国建筑不变的信仰！中国建筑积极贯彻落实党的十九大精神，立足于公司"十三五"规划战略要求，以"为利益相关方拓展充满幸福感的发展空间"为己任，通过总结、延续、升级与提炼 70 年来在履行社会责任方面的理念、绩效，形成独特的责任品牌口号"建证幸福"，以"建证幸福"行动，追求与利益相关方创造共享价值，推动新时期高质量发展。

一、"建证幸福"责任品牌口号释义

1. 中国建筑以"拓展幸福空间"作为企业使命

中国建筑以"拓展幸福空间"作为企业使命，将通过发挥投资、建设、运营、发展等全产业链业务优势，为顾客（政府、企事业单位、个人等）提供高品质、超值的产品和服务；在物质和精神领域，为顾客、员工、股东、合作伙伴等利益相关者创造价值，建设和拓展幸福空间，提升其幸福指数。

2. 建证·改革先锋

中国建筑以奋斗为本，70 年来，中国建筑持续将红色基因转化为蓝色力量，走出一条从追赶时代到引领行业的跨越发展之路、从国内建设到全球布局的开放发展之路、从传统优势到转型升级的创新发展之路，"建证"中华民族从"站起来""富起来"到"强起来"的伟大飞跃。

中国建筑是中国改革开放的重要历史见证者，为改革"试水"，始终做国有企业深化改革的先锋，引领投资建设领域企业乃至国有企业转型升级、实现高质量发展，"建证"改革开放的成功，为新时代改革开放续写新篇章。

改革开放以来，中国建筑从追赶时代到引领行业，走出了一条跨越发展之路。中国建筑沐浴改革开放的春风，在市场经济大潮中艰苦创业，顽强奋斗，虽历经重重挑战，但始终坚持改革开放不动摇，紧紧抓住发展的主题不放松，坚守中央企业的责任使命不懈怠。中国建筑在服务国家战略、推动经济社会发展中，努力提升核心竞争力，用智慧和奋斗书写企业发展进步的故事，成长为全球最大的投资建设集团、世界 500 强领先企业，创造了发展的奇迹，引领着行业的发展。

历史和现实鲜明地昭示，改革发展需要坚定信念和思想引领。面向未来，中国建筑要始终传承红色基因，坚持党的领导，深入学习贯彻习近平中国特色社会主义思想和党的十九大精神，增强"四个意识"，坚定"四个自信"，改革不停滞，开放不止步，把企业改革发展融入国家发展大局，不断开创企业发展新局面，成为党和国家推进改革开放可信赖的依靠力量。

改革开放以来，中国建筑从传统优势到转型升级，走出了一条创新发展之路。从"深圳速度"到"雄安质量"，从房屋建造到投资建设运营，折射出中国建筑创新驱动的发展轨迹。在巩固高端房建等领域领先地位的同时，中国建筑坚持技术创新、制度创新、管理创新和商业模式创新，因时而制，大力推进结构调整和转型升级，持续刷新"速度速度"，不断创造新的奇迹。

经过改革开放的艰辛探索和不懈努力，中国建筑实现了历史性的飞跃。

3. 建证·国之重器

中国建筑坚持国有企业"六种力量"定位，代表"中国建造"的最高水平，发挥投资、建设、运营、发展全产业链业务优势，贯彻城镇化建设、供给侧结构性改革、"一带一路"倡议等国家重大战略部署，投资建造大量关系国计民生的重点工程，为中华民族伟大复兴贡献中建力量，"建证"大国崛起、人民幸福。

党的十九大报告指出，我国社会主要矛盾已经转化为人民日益增长的美好生活需要和不平衡不充分的发展之间的矛盾。中国建筑把人民对美好生活的向往作为奋斗目标，致力于使人民有获得感、幸福感、安全感，"建证幸福"具有更加充实、更有保障、更可持续的发展思想。

历史和现实鲜明地昭示，社会的发展进步必须融入时代的发展潮流。面对未来，中国建筑要全面推动绿色发展，贯彻落实创新、协调、绿色、开放、共享的发展理念，推动动力转换、质量转换、效率转换，培育新业态，打造新引擎，满足人民日益增长的美好生活需求，为实现中华民族伟大复兴的中国梦做出更大贡献。

中国建筑"建证幸福"的责任品牌口号寓意着公司发挥投资建设运营发展全产业链业务优势，为利益相关方拓展无限幸福，为构建"人类命运共同体"贡献力量。口号也体现出中国建筑以党的十九大精神为指引，有着永不懈怠的精神状态和一往无前的奋斗姿态，展示了中国建筑对科技、品质、可持续发展、人文关怀的追求以及脚踏实地的实践，具有丰富的品牌内涵。

4. 建证·天下大器

改革开放以来，中国建筑从国内建设到国际化经营，走出了一条开放发展之路。中国建筑是中国最早开展国际化经营的企业之一，在与国际先进企业的对标和竞争中锻炼成长，输出中国技术、展现中国品质、履行中国责任、做出中国贡献，成为服务国家"走出去"战略和助力大国外交的一支重要力量。"一带一路"倡议以来，中国建筑拓展海外发展空间，先后在"一带一路"45个沿线国家进行发展布局，海外营业收入连年突破百亿美元，正致力于打造全球投资建设领域第一品牌。

中国建筑致力成为"世界一流示范企业"，在全球建造经济体系中占据主导地位，成为"全球建造"的代表，为构建人类命运共同体贡献中建智慧、中建方案和中建模式，"建证"全人类的幸福。

变革创新是推动社会和企业发展的根本动力。面向未来，中国建筑将持续凝聚蓝色力量，秉持市场化发展，坚持国际化方向，完善科学化经营机制。把党的领导融入企业治理结构，形成具有中国特色的国有企业治理体系。发挥一体化的竞争优势，积极践行"一带一路"倡议，努力创建世界一流示范企业。

二、"建证幸福"责任品牌 Logo 形象

中国建筑以"建证幸福"行动开启责任品牌新发展阶段。"建证幸福"责任品牌以可持续发展为基础：

（1）贡献联合国可持续发展目标。

（2）开展可持续发展研究。

（3）推进责任沟通体系建设。

（4）发布可持续发展报告。

"建证幸福"责任品牌 Logo 是由五角星创意而来，以中建蓝和中国红为主色，象征着中国建筑的红色基因与蓝色力量，寓意中国建筑坚持党的领导，加强党的建设，服务国家战略，持续把政治优势转化为企业的发展优势，把传承于历史文化的"红色基因"转化为企业的"蓝色力量"，建证（见证）中国发展的伟大成就，建证（见证）人民美好幸福生活。标识整体造型充满了现代感和科技感，寓意对未来的美好展望。"建证幸福"标志如图 3-3 所示。

图 3-3 "建证幸福"标志

三、"建证幸福"责任品牌内涵

中国建筑按照"以社会责任推动公司各项工作"的思路，主动倡

导"联合国 2030 可持续发展议程"，全面贯彻《国有企业更好履行社会责任的指导意见》，培育社会责任文化，健全社会责任工作体系，加强责任沟通，推进社会责任与公司全面融合，助力国家、世界实现可持续发展。

具体而言，中国建筑以"建证幸福全球行动"担当全球责任，即树立"人类命运共同体"理念，在全球范围内为回报股东、满意客户、保护环境、成就员工、携手伙伴、引领行业和造福社会。

1. 回报股东——拓展价值空间

股东作为中国建筑的投资者和委托人，是企业发展坚实可靠的后盾。中国建筑关注股东长期、持续的收益和回报，致力于建立良好的投资者关系，真实、准确、完整、及时地披露企业信息，建立健全股东权益保护机制，并不断提升盈利能力，强化风险防控，以良好的经营业绩保障股东价值的最优化和持续性，让中国建筑成为股东最青睐的投资对象是其应尽的义务。如图 3-4 所示。

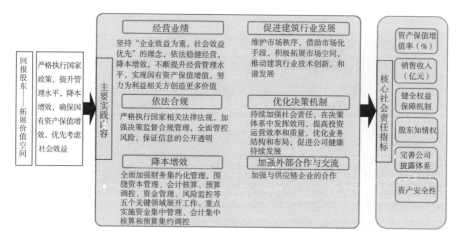

图 3-4　回报股东——拓展价值空间

2. 满意客户——拓展品质空间

中国建筑的一切价值均源于客户的高度认同和充分信赖，客户是企业价值的提供者和最终评判者。中国建筑将客户利益放在首位，充分发挥资源、资本、管理、技术和人才优势，为客户提供建筑一体化最优解决方案和综合服务。中国建筑关注客户的近期和远期利益，尊重并坚定履行对客户的每一份承诺，持续满足客户要求，为客户提供最佳方案和最优服务。公司严守国家法律法规、国际惯例和商业道德，以诚信、稳健和高效运营，夯实公司可持续发展根基，致力于构筑与客户间长远、共赢的伙伴关系。如图 3 - 5 所示。

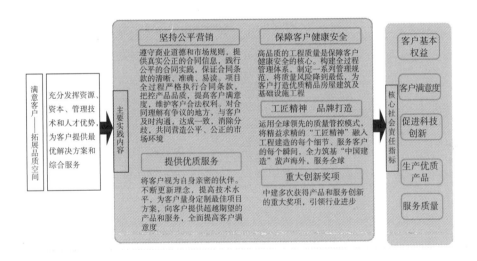

图 3 - 5　满意客户——拓展品质空间

3. 保护环境——拓展生态空间

绿色发展已经成为全球经济社会发展的主流价值取向。中国建筑严格遵守《联合国 2030 年可持续发展议程》，秉承"绿色建造、环境和谐"的环境方针，深入推进员工环境意识能力建设，推进绿色办公，开展绿色公益宣传，不断提升公司环境管控能力。在全球投资建造过程中，注重项目所在地的生态环境保护工作，致力于探索绿色产业链体系建设，把绿色建造理念延伸到员工、项目和利益相关方，为全球客户传递绿色理念、提供绿色建造服务，向世界展示"中国建造"的"绿色内核"。如图3-6所示。

图3-6　环境责任——拓展生态空间

4. 成就员工——拓展成长空间

铁军般的中国建筑人是所有价值的创造者和实现者，没有员工的积极努力和奉献，中国建筑的可持续发展就难以凝聚核心动力。中国建筑坚持平等雇佣，完善薪酬福利制度，鼓励员工参与民主管理，切实维护员工利益。不断完善安全生产管理体系，强化安全知识宣传与培训，全心呵护员工身心健康，努力为员工营造平等、健康、安全、舒心的工作环境。依据员工的不同需求搭建发展平台，为员工成长提供全面的职业发展通道与广阔的发展空间，激发员工的工作热情和积极性，促进员工与企业一道共享利益成果、共同发展、共筑未来。如

图 3 - 7 所示。

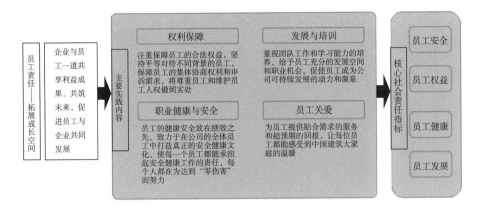

图 3 - 7 员工责任——拓展成长空间

5. 携手伙伴——拓展共赢空间

打造"中国建造"品牌既需要良好的外部环境，又需要伙伴的鼎力支持。高品质的供应链成就高品质的建设工程，一流的工程依赖于具有可持续发展能力的供应链。中国建筑贯彻《联合国 2030 年可持续发展议程》，以高品质采购为一贯宗旨，以合规高效为原则，遵循"风险可控，整体效益最优"，坚持责任采购，积极应对经济全球化对工程项目日趋复杂化、长期化的挑战，加强与分包分供方进行社会责任交流，传播可持续发展理念，助力提升社会责任管理水平，携手共同打造责任供应链。如图 3 - 8 所示。

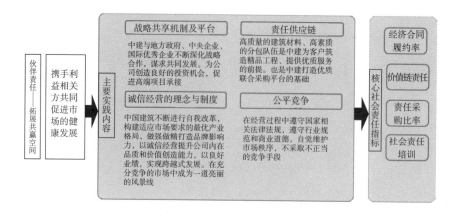

图3-8 伙伴责任——拓展共赢空间

6. 引领行业——拓展创新空间

创新是引领企业发展的第一动力、是企业的灵魂，管理创新则是企业永葆活力的基础。中国建筑发挥投资建设优势，推动金融、集中采购、PPP项目管控运营模式等方面的创新，促进投资、开发、设计、建造、运营、服务等业务协同联动。与此同时，中国建筑致力于与伙伴通力合作，建立长期的战略合作关系，与合作伙伴一起发展成长，彼此分享可持续发展的最佳实践，实现共赢。通过在海内外广泛开展行业沟通、交流，学习中国建筑研讨行业发展趋势和进展，增进同行之间的信

图3-9 行业责任——拓展创新空间

任和理解，推进行业持续发展。如图3－9所示。

7. 造福社会——拓展和谐空间

社会是中国建筑赖以生存和发展的土壤和环境。中国建筑热心公益事业，营造绿色空间，为社会和谐稳定、持续发展奉献力量。在海外业务上坚持属地化经营，带动当地经济发展。积极执行国家的方针政策，恪守现代商业伦理和行业规范，以实际行动承担起国有企业的政治、经济和社会责任，做优秀的企业公民。中国建筑关注建筑功用、效能、环保等元素的持续优化，不断拓展空间的高度与广度，将建筑与艺术完美融合，为人们带来更佳的幸福体验，用真诚回报社会，用建筑改变世界。如图3－10所示。

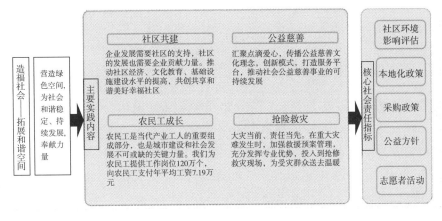

图3－10　造福社会——拓展和谐空间

第三节　双向责任传播拓展品牌影响力

品牌传播是企业满足消费者需要，培养消费者忠诚度的有效手段，是目前企业家们高擎的一面大旗。通过品牌的有效传播，可以使品牌为广大消费者和社会公众所认知，使品牌得以迅速发展。同时，品牌的有效传播还可以实现品牌与目标市场的有效对接，为品牌及产品进占市场、拓展市场奠定宣传基础。品牌传播既是诉求品牌个性的手段，也是形成品牌文化的重要组成部分。

品牌传播既是中国建筑在品牌建设中不可缺失的重要一环，也是中国建筑拓展品牌影响力的重要手段。近年来，中国建筑在传播方面重点发力，在创新中突破，已取得了显著成效，为打造"中国建筑"品牌做出了突出贡献。

中国建筑主动适应国家战略发展的新变化、"一带一路"的新形势、转型发展的新要求，结合自身定位，紧扣时代主题，积极探索，多管齐下，以创新的形式讲好在服务国家战略、经济社会发展、国计民生、精准扶贫等方面的中建故事，传播好中建声音，强化传播力、提升引导力、拓展影响力、彰显公信力，让"中国建筑"品牌享誉国内外。

一、讲好中国故事

中央企业是中国特色社会主义的重要物质基础和政治基础，是党执政兴国的重要支柱和依靠力量。中国建筑作为中央企业重要一员，必须切实肩负起政治责任和领导责任，把宣传思想工作摆在全局工作的重要位置，牢固树立"四个意识"，切实增强"四个自信"，更好担当新形势下讲好中国故事、中建故事。

中国建筑结合改革开放40周年、中华人民共和国成立70周年、建党100周年等重大历史节点和重要会议、重要活动等，制定和落实专项方案，努力讲好与新中国共进步共发展的故事，讲好高质量党建引领高质量发展的故事，讲好践行"一带一路"倡议的故事，讲好履行中央企业社会责任的故事，讲好中建人爱国奉献奋斗圆梦的故事。

二、"建证 40 年·中国建筑奇迹之旅"

2018 年，中国建筑以"建证 40 年·中国建筑奇迹之旅"拉开责任品牌宣传沟通活动。"建证 40 年·中国建筑奇迹之旅"是以纪念改革开放 40 周年，建设世界一流示范企业为重点的大型责任沟通活动。活动以"从深圳速度到雄安质量，见证中国建筑改革发展成就"为沟通主题，围绕利益相关方关注的践行国家战略、助力主场外交、推进重大项目等热点，采用多种沟通和互动模式，使广大利益相关方了解中建、理解中建、支持中建，共同"建证"中华民族伟大复兴中国梦的实现。

1. 建证·共创

中国建筑秉持"共创"理念，回应利益相关方探索"中建奇迹"的信息需求，精选 50 项超级工程为活动现场，设置全面沟通议题，包括项目重大节点、科技智慧建造、爱国奋斗宣讲、企业周年纪念、城市创新发布、政企校企合作、农民工子女关爱等，以强劲音符传播中国建筑培育世界一流示范企业的责任故事。

第 1 站：走进雄安市民服务中心

"建证 40 年·中国建筑奇迹之旅"活动启动仪式

我们在雄安启动"建证40年·中国建筑奇迹之旅"大型责任沟通活动，开展庆"五一"、迎"五四"表彰活动，"建证"改革开放、社会进步、时代变革中的"中建力量"，分享创造奇迹背后的中建故事，凝聚改革开放转型发展的中建精神，编织培育世界一流示范企业的中建梦想。

第2站：参展首届中国自主品牌博览会

2018年5月，我们参展首届中国自主品牌博览会，全方位展示独具特色的品牌发展之路。中共中央政治局委员、国务院副总理胡春华对公司"投资、建设、运营、发展，全产业链筑就美好生活"的责任实践表示肯定。

首届中国自主品牌博览会中国建筑展品

第8站：走进天津微城市新型城镇化项目

2018年6月，正在中国参访的多米尼加共和国媒体团及驻华使馆官员，中国外交部美洲司、翻译司，天津市人民政府外事办公室有关人员应邀参加活动，到访天津微城市新型城镇化项目，体验中国建筑在未来城市人居环境塑造、城市运营服务、产城融合发展、建筑技术创新及运用等方面的最新成果。此次活动也成为中多两国建交后的一次重要文化交流活动。

多米尼加共和国媒体团参访天津微城市新型城镇化项目

第9站：走进马来西亚吉隆坡标志塔项目

见证塔冠结构封顶

马来西亚吉隆坡标志塔项目是中国承包商在海外承建的最高建筑，是全球首例塔楼外立面无任何施工设备、无任何后座结构的超高层建筑。该项目全员安全工时超过 1000 万小时，保持着马来西亚安全工时最多纪录。

第 11 站：走进贵州遵义赤水河谷旅游公路项目

在贵州遵义赤水河谷旅游公路项目中，组织公众、媒体记者等约 200 人一同骑行观光体验，领略赤水河谷旅游公路沿线的文化之美、生态之美，听取沿线村民讲述公路开通后的脱贫致富故事。中国建筑"智造"醉美公路，践行生态理念，助力贵州实施"大扶贫、大数据、大生态"战略。

赤水河谷旅游公路景观

第 43 站：走进深圳国贸大厦项目

深圳国贸大厦是中国建成最早的综合性超高层建筑。1982 年，我们在这里创造了"三天一层楼"的"深圳速度"，成为中国高层建筑史上的奇迹和改革开放的重要标志。

深圳国贸大厦项目

2. 建证·共生

中国建筑建立"中国建筑融媒体平台",开发移动端平台,打通媒介壁垒,通过建立新媒体实施矩阵管理,形成了新媒体跨平台传播体系;有序推进集团网群、官方微信微博矩阵和报刊矩阵融为一体的智能化平台建设,实现网上网下、新旧媒体高度融合,线上线下高效"策、采、编、发、评",达到分众传播、精准传播、创意传播的良好效果,最大限度地满足了利益相关方的信息需求。

以"中国建筑融媒体平台"携手国内外150余家媒体和逾万人次的实地参观者整合文化深植、员工宣教、品牌传播、形象塑造于一体,进行本次活动的资源通融、内容兼融、宣传互融,与利益相关方共同见证改革开放40年"中国建造"的波澜壮阔变迁历程。为开展海外更深层次的交流,公司总部开通英、法、俄、阿四语种网站,中建国际、各驻外子公司开通外文网站,其他子公司也结合自身业务情况进行海外传播。

建设"中国建筑融媒体平台",通过报刊网端、官方微信微博及社会媒体入驻平台,形成全媒体传播矩阵。日常媒体推广覆盖了中央主流的报纸、杂志、电视台、网站、新闻客户端等媒体，传统媒体与新媒体相结合，实现传播渠道分布平衡化与多元化。"建证40年·中国建筑奇迹之旅"大型责任沟通活动通过电视、报纸、微博、微信、客户端、各类短视频等途径广泛传播，截至2018年11月，责任传播数量达国内新闻1730余篇、微信文章433篇、微博711条、相关视频新闻38条。此次活动还得到俄罗斯、泰国、斯里兰卡、多米尼加、巴拿马、巴布亚新几内亚等国家主流媒体的报道。

"建证40年·中国建筑奇迹之旅"大型责任沟通活动线上传播与线下传播相得益彰。活动内容既有基础动作，又有创新动作，突出了活动特色。活动重视形式创新，把项目开放与特色体验活动相结合，通过骑行观光、文艺表演、垂直马拉松、VR体验高科技、知识问答、故事会等形式，吸引受众深度体验，开展体验式传播。活动邀请参观者亲身体验项目带来的生态美观和城市变化，以"一起看一起感受"的体验活动进行互动传播。参观者主动在社交媒体发布活动照片和短视频，为活动点赞。

开通四语种网站

"建证 40 年·中国建筑奇迹之旅" 专刊

3. 建证·共赢

中国建筑邀请国内外政府领导、专家学者、媒体记者、高校师生、社会公众等走进中国建筑建造的中国楼、中国路、中国桥、中国港、中国核电等超级工程，走近拼搏奋斗、创新奉献的建设者，感受中国建筑在改革开放 40 年来取得的发展成就和践行国家战略的责任担当，见证着一个个幸福空间编织起中华民族伟大复兴的中国梦！通过深入责任沟通，与政府、媒体、高校、员工等利益相关方实现共赢。

第 44～47 站：责任沟通活动总结研讨

我们邀请主管领导、专家学者、媒体记者、高校师生等 300 余人观摩深圳平安金融中心、深圳市当代艺术与城市规划馆、深圳中国钢结构博物馆、深圳国际会展中心等项目，讲述深圳改革发展中的中建故事。全面总结大型责任沟通活动，发布"中国建筑融媒体平台"、文化品牌融媒体画册，开通四语种官方网站，向首季开放的 50 个项目授牌。

总结研讨会现场

　　"国企开放日"是中央企业不断拓展与公众沟通的重要形式。中国建筑举办的"建证40年·中国建筑奇迹之旅"就是"国企开放日"一张亮丽名片。

——国务院国资委宣传局文化处处长　闵玉清

　　"建证40年·中国建筑奇迹之旅"活动站在服务于国家重大战略、重大决策的高度，策划深入充分，重视讲好故事，做好融媒体和全媒体传播，取得良好的品牌传播效果。

——人民日报新闻协调部主编　辛本健

　　"建证40年·中国建筑奇迹之旅"活动让我感受到了中国建筑无处不在的工匠精神，中建员工的实干拼搏精神。中国建筑会迎来更多发展机遇，我期待见到更多的中建奇迹。

——中国日报经济部副主任　王钰

　　此次"建证40年·中国建筑奇迹之旅"活动是引人入胜之旅，让海内外社会公众看到中国建筑创造的奇迹；也是发人深思之旅，让大家思考国企为中国、为世界做出的贡献；更是催人奋进之旅，让我们看到整个国家的蒸蒸日上，正是由一群扎实苦干的人们来创造的，活动意义非常重大。

——清华大学教授、博士生导师、新闻与传播学院党委书记　胡钰

续表

本次"建证 40 年·中国建筑奇迹之旅"活动，让我们感受到了中国建筑的互动式沟通、全景式呈现、体验式传播及全媒体融合的全新传播方式，中国建筑在速度、高度、温度、厚度上给予我们的四度空间，同时感受到了中国建筑的改革创新、开放包容、匠心之作及企业家精神。

——国务院国资委新闻中心副主任　闫永

今天在中国建筑的施工现场所看到的让我很惊讶，令人难以置信。几年前，这里除了鸟和树之外什么都没有，而现在我们看到了根据最新技术建设的美丽摩天大楼。我希望这个商务中心能够促进俄中关系的进一步发展。

——俄罗斯发行量最大的新闻周刊《论据和事实》记者　Yulia Shigareva

通过走访海外的项目，我认为中国建筑在构建人类命运共同体的过程中，可以用"高度、宽度、深度"三个词总结。这种文化的认同，是中国的企业在世界上书写的最精彩中国故事。

——环球网执行总编　石丁

中建中心项目团队，不忘"匠心"，展现"匠艺"，打造百年品质"匠品"，用行动诠释"匠心悦动　品质先行"的项目双创品牌文化。

——公众代表

三、"建证 70 年·迈向世界一流"

2019 年是中华人民共和国成立 70 周年，中国建筑"建证"了新中国波澜壮阔的发展历程，"建证"了 70 年翻天覆地的变化，"建证"了党带领人民攻克艰难的奋斗足迹。中国建筑以大型品牌沟通活动"建证 70 年·迈向世界一流"主题宣传宣讲暨"中建开放日"活动为主要平台，广泛开展"我和我的祖国"群众性主题宣传教育活动。活动讲述了中国建筑投身祖国建设、推进改革发展的故事，弘扬爱国奋斗精神，建功立业新时代，庆祝新中国成立 70 周年。

"建证 70 年·迈向世界一流"主题宣讲宣传 5 月在太行山高速公路项目启动，截至 9 月底，集团及各子公司举办"建证 70 年·迈向世界一流"主题宣讲宣传活动 40 余场，走进 5 个国家、30 余座城市，实地参与人数超过 9500 人次。中国建筑第一工程有限公司（以下简称中建一局）组建宣讲团，采取"理论宣讲＋先进事迹宣讲"的模式，开展巡回宣讲，传播红色先锋好声音，带动学习教育往深里去，创新实施"先锋爷爷故事会"等宣讲方式，组织 5 名离退休老领导、老书记、老党员代表，倾情讲述中建一局筚路蓝缕的历史、中建一局艰苦奋斗的传统，带领青年员工悟初心守初心，凝聚先锋力量。中建国际建设公司分别在柬埔寨体育场项目、巴基斯坦 PKM 项目举办主题宣讲宣传活动，讲述海外党员职工担当使命、奋斗圆梦故事，邀请当地政府领导、中外媒体参加活动，取得良好宣传效果，其中中国援柬埔寨体育场项目获柬埔寨首相洪森点赞。中建八局在拉萨贡嘎机场项目开展开放日活动，中建安装开展"先锋榜样引领"主题教育宣讲活动，中建装饰开展主题教育知识竞赛等不同形式的主题宣讲宣传活动，宣传守初心、担使命的党员干部先进典型故事，焕发党员干部攻坚克难激情。

通过主题宣讲、论坛交流、故事展演、影像展播等群众喜闻乐见的形式，搭建职工便于参与的平台；走进"一带一路"、走进支部一线、走进工友兄弟、走进职工群众；讲好与新中国共进步同发展的故事、讲好高质量党建引领高质量发展的故事、讲好践行"一带一路"倡议的故事、讲好履行央企社会责任的故事、讲好中建人爱国奉献奋斗圆梦的故事；唱响礼赞新中国、奋进新时代的昂扬旋律。着力强信心、聚民心、暖人心、筑同心，巩固壮大在新时代继续推进改革发展的舆论强势，深化社会主义核心价值观建设，让中国建筑的红色基因和拼搏奋斗精神，不断传承下去、传播开来，凝聚建设世界一流示范企业的磅礴力量。

第四节　"一带一路"海外品牌传播

作为中国最早的"走出去"的企业之一，作为扎根海外的中资企业代表，中国建筑承担着"中国建造名片"的重要角色，树立了中资企业在海外合规、高效、科学建设的典范，确定了中国企业在基础设施领域的高水平的海外形象。中国建筑努力成为中央企业践行国家"一带一路"倡议的代表者与领先者，依托全产业链、全要素、全生命周期的一体化运营优势，搭建"大海外"发展平台，积极带动相应技术、标准"走出去"，为当地奉献精品工程，增进沿线国家民生福祉，赢得所在国家政府和民众的高度认可，成为"中国建造"的一张亮丽名片。

中国建筑以"一带一路"国际合作高峰论坛为宣传契机，提前策划，统筹资源，利用各类媒体平台进行宣传，全面展示了中国建筑落实"一带一路"倡议的成就，为企业树立了良好的国内国际形象，为企业国际化发展营造了良好的外部发展环境。

一、服务长远发展

中国建筑通过多年的海外运营探索认识到海外传播工作不应仅仅服务于具体的项目运维，更应从长远计，从全局计，积极服务于企业长期发展，服务于国家形象树立。中国建筑以"坚持国家站位、全局考量，坚持一国一策、分步推进，坚持目标引领、问题导向，坚持渐进稳妥、务求实效"为原则，在夯实基础、讲好故事、拓展渠道、创新方式、融合文化五个方面下功夫，构建中国建筑"大海外传播平台"，开创了中国建筑海外传播工作的新格局，提升中国建筑全球化品牌的新形象，展现了中国建筑助力国家形象塑造的新作为。

中国建筑力求通过高品质的产品与服务，积极的社会责任承担，深入推动"一带一路"沿线国家经济与社会发展。积极分享中国经验，做出中国贡献，共享中国发展红利，谋求与"一带一路"沿线国家人民的民心相通。积极通过多维立体的海外传播，与海外利益相关者群体达成广泛而深远的战略共识，以世界一流企业形象的树立推动国家形象的树立。

多年来，中国建筑无论是随国家领导人出访，还是参加重大国际会议，都注重结合企业自身海外实践阐释中国主张，谋求海外公众对中国企业的好感，形成积极、正面的战略共识。如为配合金砖国家领导人第十次会晤，中国建筑参与了2018"金砖国家"治国理政研讨会，讲述从"独善其身"到"兼济天下"的角色转换、以合作思维和合作精神推进全球化的故事，为各国企业开展国际化经营贡献中国方案。中国建筑的行业引领与社会责任担当推动了海外政要与海外公众对中国形成正面积极的感知与共识，其以有责任、有担当、有引领的世界一流企业品牌形象推动中国国家形象的树立。

二、发展多元关系

海外传播工作不能脱离企业实践，知行合一才能切实提升海外传播的效果。谋求与海外公众战略共识的达成，海外传播是重要的工具，但同时必须要有健康、良性的海外公共关系作为支撑。中国建筑多年来积极与多元海外重要利益相关者达成公共关系战略契约，推动全方位多领域的海外公共关系建构。

1. 坚持合规运营，维护企业利益

合法合规是中国企业在海外市场开展生产经营活动时需要遵守的第一守则。在开拓海外市场的过程中，一方面，中国建筑下属海外机构往往会聘请专业人士进行海外法律法规、相关合同管理等主题的内部培训；另一方面，在严格遵守当地法律法规和标准规范的基础上，中国建筑还针对当地法规要求和业务特点对管理体系进行了优化，保证了海外机构在制度、流程上体现属地化因素和国际化特色。2016年，国务院国资委政策法规局企业合规经营代表团视察中建美国有限公司时，充分肯定了其在合规经营方面的工作。

2. 坚持品质保障，维护政府关系

"干一个工程、树一个丰碑、成一个广告、做好一片市场。"凭借着优良的工程质量、良好的履约能力，中国建筑不断加深与各国政府的合作，与其发展为互利互惠、共进共赢的合作伙伴关系。如在阿尔及利亚，中国建筑历经阿尔及利亚内战、大地震等艰难险阻洗礼，在坚守中赢得商机，先后承接了特来姆酒店、阿尔及利亚国家会议中心、嘉玛大清真寺等一大批具有国际影响力和标志性意义的大型公建项目，成为在当地最具影响力的中资企业。

3. 坚持公益善为，赢得社区支持

"国之交在于民相亲，民相亲在于心相通。"企业在国际环境中立足与发展离不开当地民众的支持，"与民相亲"是营造良好外部环境的基础。中国建筑在海外市场合作中有计划地结合当地民众需求，与当地社区组织如学校、医院、教会等开展一系列社会责任活动，拉近了企业与社区公众间的距离，培养了社区公众对企业的好感。

4. 坚持属地经营，优化员工关系

在中国企业经营海外市场时，属地化经营既可以减少文化摩擦，帮助企业适应所在国的经营环境，也有利于降低公司海外派遣人员和跨国经营的高昂费用。除此之外，中国建筑还积极使用当地分包和建筑材料，通过本地采购、分包等方式带动当地经济发展。如中国南洋建筑发展有限公司（以下简称中建南洋），2017 年本地化采购率甚至达到 97% 以上。中国建筑优化与员工间的关系，增强员工向心力，构建团结协作的企业文化，进一步保障了企业在当地的稳健发展。

三、多维立体传播

公司品牌化推进了"建证幸福全球行动"系列活动，建设融媒体传播平台、跨文化融合平台等内外部品牌传播平台，在海外网络传播中努力打通传统媒体与新兴媒体、打通自有阵地与公众媒体、打通"关键少数"与绝大多数、打通形式与内容，有效增强了海外传播的竞争力和影响力。

1. 一国一策、因项施策

"一带一路"沿线国家和地区是世界上地缘关系最复杂、历史文化差异最大、宗教民族冲突最严重、国家和区域局势最动荡、大国关系最纠结的地理区域。作为"一带一路"建设的"排头兵"和主力军，中国建筑的海外业务涉及境外多达 130 多个国家和地区，主要覆盖北非、东南亚、中亚、中东、北美等国家和地区。中国建筑在海外传播实践中梳理、总结出不同国家和地区的环境特点，努力建构起差异化的传播策略与方法。

中国建筑按照一国一策、因项施策的原则，制定国别传播实施方案和舆论引导预案，配齐配强海外传播专职宣传人员。在中建美国有限公司、中建中东有限责任公司设立海外社交媒体账号，建设四国语种网站，通过中心与对象国分支机构保持密切联系，同步开展新闻宣传工作。通过媒体融合传播，大幅提升了外宣工作品质和工作效率。与此同时，积极引导海外舆论导向，增强话语权、影响力。

2. 融入当地，推进文化融合

中国建筑在海外传播工作中注重价值导向，坚持融入当地，强调"共赢"发展理念，强化讲好"中国故事"的利他性，将利己和利他结合，选择所在国或所在地区公众喜闻乐见的故事进行传播。同时，在宣传中国建筑的实力与愿景时也注重表达"共建共融""和谐友善""尊重平等"等价值观。中国建筑在海外业务拓展的过程中将尊重当地文化、推进跨文化融合放到重要位置。如中国建筑在宣传埃及新首都项目时，重点突出该项目的成功实施将极大缓解开罗的人口及交通压力，为埃及创建良好的吸引外资环境，能有力带动埃及苏伊士运河经济带和红海经济带的开发，助推埃及国家复兴计划的实现。[1]

3. 精准设置议题，提升传播效能

中国建筑在海外传播实践中注重抓住时机、把握节奏、讲究策略，从时度效着力，提升海外传播工作效能。

首先，注重把握议题设置时机。在海外传播中，中国建筑及时研判国际舆论形势，因势而谋，应时而为，主动提出话题。2016 年，中国建筑完成中共六大会址的修复工作，围绕这一重点工程竣工的战略传播点，中国建筑设置了如"把'六大'遗址修复工程建成时代精品，做中国央企在海外的代言人""中国在海外的唯一一个关于中共党史的常设展览馆、是建党 95 周年献礼工程"等议题，并围绕议题开展了一系列传播活动，引起了众多国内国外媒体的关注。俄罗斯塔斯社、俄新社、俄罗斯 360 电视台、莫斯科新区报等相继发布新闻报道。国内媒体如《人民日报》、《人民日报（俄文版）》、新华社、中新社、《光明日

---

[1]　中企在非洲收获 30 亿美元大单！将帮埃及建设新首都 CBD［N］. 人民日报, 2017 – 10 – 11.

报》、《南方日报》等也进行了较大力度的宣传报道。这一重大议题的传播也引起了俄罗斯政府的关注，莫斯科市文物局局长阿列克谢·叶梅利亚诺夫说："像这样复杂的修复工程，在 2018 年甚至 2019 年完成是符合常规的，感谢你们对工程顺利竣工所做的艰苦努力！"①

其次，注意把握海外传播尺度。中国建筑注意考量海外传播的角度、尺度和深度，力求达到与海外公众思想的共通、共识和共鸣。2018年，以中国建筑进入美国市场 33 年、不断融入当地、间接创造数万个就业岗位等事实为依据，以美国曼哈顿高档产权公寓格林尼治西庭项目开工为契机，在美国主流媒体及推特等海外社交媒体讲述两国合作共赢的故事。

最后，注重提高海外传播效果。中国建筑还注重通过创新话语方式，实现故事化的融合传播，在"接地气"中"聚人气"。通过结合中国建筑海外运营实践，中国建筑打造了阿尔及利亚"震不垮的丰碑"和"千年清真寺"、埃塞俄比亚华美的"幸福人生"、巴基斯坦"奋斗哥"、刚果（布）"通向未来之路"和利比亚"万人万里大撤离"等一系列动人故事，实现了中国视角的本土化表达，增强了中国故事的说服力、感染力和传播力。

4. 拓展媒体关系，用好社交媒体

随着互联网与新媒体的发展，打造多元海外传播渠道成为中国建筑增强海外舆论引导力和话语掌控力的重要手段。外媒因其在国际或业务所在国当地强大的影响力，从而成为中国建筑在海外传播过程中重要的关系维护对象。在企业"走出去"的同时，中国建筑策划海外媒体"请进来"，借筒传声，通过他们解读中国建筑发展的故事，传播中国声音。如在中国与巴拿马、多米尼加建交不久后，中国建筑便邀请两国

---

① 中国建筑用匠心铸造精品工程"六大"会址项目在俄获好评 [N]. 环球时报，2018 - 01 - 12.

媒体团分别参访了中国尊、天津塘沽湾智慧城市项目，多米尼加共和国总统府新闻司司长加西亚表示，"中国建筑实力卓越，我们要把在中国的所见所闻传播出去，让更多的多米尼加人民了解中国"。2018年10月，科威特记者到访中建集团，与中建员工对话交流，科威特影响力媒体《火炬报》和《报纸报》都发表了相关报道。

在传统的国际媒体格局中，中国媒体不具备强大的话语权和议程设置能力，导致中国在国际新闻舆论中长期处于劣势地位。进入社交媒体时代，传统媒体的信息传播力有所弱化，社交媒体地位上升，为中国企业"走出去"带来了主动传播的契机。目前，中国建筑已经在Face-book、Twitter等社交媒体上建立公司官方账号，确定了企业在这些平台的正式在场，形成了代表企业官方与社交媒体用户对话的平台。

5. 建立监测体系，科学评估效果

海外传播效果的评估需要以对传播活动的及时有效监测为前提。中国建筑结合海外传播工作实践，在第三方智库帮助下，已积极布局海外舆情监测，对重点地区重点媒体开展了相关舆情监测试点工作。此外，由于行业特殊性，中国建筑海外传播工作的目标受众不仅包括当地民众，还包括当地政府、合作方、行业协会等可直接影响中国建筑海外业务拓展的多元利益相关者。中国建筑考虑到企业自身特点，在海外传播效果评估体系中合理分配评估体系中的权重配比，重视政府、合作方、行业协会等机构的反馈，力求海外传播工作满足多元利益相关者需求，在促进海外业务拓展的同时积极谋求世界一流企业形象的树立。

6. 建立危机预案，科学处置舆情

对于中国建筑而言，企业在海外市场基础设施建设项目占比逐步提升，这类项目投资成本高、回报周期长、项目地点固定，一旦爆发危机容易招致巨大损失。另外，在"一带一路"倡议下中国建筑也加大沿线国家和地区的项目开拓，但由于经济基础薄弱、政局动荡、文化冲突等原因，该地区一些基建项目具有较大的悬而不决或被迫叫停的风险。因此，有效化解突发危机成为中国建筑海外市场拓展的必备技能。

中国建筑在海外市场经营之路上先后经历过阿尔及利亚恐怖袭击、迪拜重大交通事故、菲律宾串标案等突发事件，但都通过及时、科学的危机管理措施消除了其对企业品牌的不利影响，同时在一次次危机处理中积累了宝贵经验。

第四章　品牌引领型社会责任管理之效

当前，世界正处于大发展大变革大调整时期，全球治理体系和国际秩序变革加速推进，因此要加快培育国际经济合作和竞争新优势。随着世界主要国家产业政策的重大转变和新一轮科技革命的爆发，全球价值链重构进入关键时期，经济发展正由制造导向转为创新导向、品牌导向，品牌在竞争中的作用日益凸显。发挥品牌引领作用，深入推进供给侧结构性改革是我国谋求全球价值链重构主导地位的重要抓手。塑造一大批世界一流品牌，对于实现中华民族伟大复兴的中国梦和"两个一百年"奋斗目标实现尤为重要。

中国建筑一贯高度重视品牌建设工作，深入领会、积极响应党和国家的号召和部署，将打造"中国建筑"品牌，提升"中国建造"品牌作为不可推卸的时代责任，结合投资建设行业特点，准确定位，引领行业进步，创新思路，做好顶层设计，扎实推进，务求工作实效。经过几十年的品牌经营，"中国建筑"品牌形象获得国内市场和国际社会的广泛认可，逐步成为"中国建造"的一张亮丽名片，品牌价值大为提升。

第一节　品牌价值不断提升

近年来，中国建筑品牌引领型社会责任管理取得了显著成效。"中国建筑"品牌连续多年入选世界品牌实验室（World Brand Lab）编制的"世界品牌500强"榜单；在国际五大品牌价值评估权威——英国著名品牌管理和评估独立顾问公司 Brand Finance "2018年全球品牌价值500强"中列第44位；荣获国务院国资委首届"品牌建设优秀企业"称号；公司列2019年度"世界500强"第21位；连续5年保持行业内全球最高信用评级；荣获中国政府质量领域最高荣誉——中国质量奖。

2018年4月8日，中国上市公司协会联合中国证券投资者保护基金公司、上海证券交易所、深圳证券交易所、中国证券业协会、中国证券投资基金业协会、中证中小投资者服务中心在北京共同主办了"2017年度最受投资者尊重的上市公司评选"活动。中国建筑荣获"2017年度最受投资者尊重的上市公司"，位列100家获奖名单第4名，并受邀作为获奖企业代表进行了经验分享。

2019年4月11日，发布《中国建筑2018可持续发展报告》，至此中国建筑已连续发布了10份可持续发展报告，而最新出炉的这份报告蝉联中国社会科学院五星级"卓越报告"评价，并获得全五星评级。这份精彩报告源于中国建筑"拓展幸福空间"的履责理念和专业专注、务实担当的履责实践。

这一系列荣誉证明中国建筑品牌引领型社会责任管理模式是成功且有效的，是中国建筑傲立世界企业之林的重要路径，但仍需要进一步深入推进、深度融合、深化实践。

一方面，中国建筑深深意识到，品牌是国家的名片，是国家软实力的重要体现。塑造国际知名品牌往往能够产生巨大的榜样力量，增强民族的自豪感、自信心，引领全球资源配置和市场开拓，增强国家在全球经济体系中的话语权。

另一方面，无论是国际还是国内形势，中国建筑在社会责任道路上早已走过最初的迷茫，渐入佳境。实践证明，中国建筑当初跟随国际国内形势发展启动社会责任的工作是正确的，未来更加需要不断深化和推广，融入品牌塑造的战略目标中。毫无疑问，没有社会责任内涵的品牌是没有吸引力和生命力的；反之，企业社会责任也需要一个稳定的平台进行全面推广。

中国建筑以"拓展幸福空间"为使命的负责任品牌形象深入人心。多年以来，中国建筑成功探索出企业社会责任管理之道，以品牌引领社会责任，以社会责任驱动品牌建设，互相促进，融为一体，其综合价值日益凸显，促使中国建筑的市场竞争力突飞猛进，品牌影响力显著扩大，成为中央企业品牌建设的表率和模范。

国务院国资委每年对央企年度经营业绩考核进行考核，考核结果分为 A、B、C、D 级四个级别，A 级为最高等级，是对企业经营质量和核心竞争力的最大认可。在考核标准中，企业社会责任表现是不可或缺的一项指标。而由于中国建筑一如既往的优秀履责表现，2019 年 7 月，年度中央企业负责人经营业绩考核结果公布，中国建筑工程总公司获评 A 级企业。至此，中国建筑已经连续 14 次获得 A 级。

据调查显示，80% 的中央企业选择"树立品牌形象"作为履行社会责任的首要目标。中国建筑品牌引领型社会责任管理证明这种选择是可行且行之有效的，同时也为这些中央企业树立了榜样，提供了重要借鉴。

第二节　打造央企品牌建设样本

打造成为世界好品牌，是中国建筑一直努力的方向，也是所有中央企业的时代责任、终极目标。

党的十八大以来，中国建筑依托精准的品牌定位，进一步聚焦传播热点，突出企业在国家经济社会发展中的重要地位，彰显政治格局、央企胸怀；突出推动企业创新发展这个基本职责，提振精气神、凝聚正能量；用新思维、新目标和新要求来驱动和引领品牌传播，"中国建筑"品牌的全球知名度和美誉度不断提高。

2018 年，中国建筑被国务院国资委选取作为 10 家优势企业之一创建"世界一流示范企业"，为央企成为"世界一流"探索路径、积累经验。国务院国资委提出的"三个领军""三个领先""三个典范"标准，为中国建筑进一步做好品牌建设工作指明了方向。

中国建筑围绕"成为全球知名品牌形象的典范"，进一步加强顶层设计，优化品牌战略、聚焦集中管控、彰显核心价值，全面提升品牌战略引领力，保障品牌建设行稳致远。通过优化品牌指标监测机制，形成品牌建设长效机制；构建"113"海外传播工作框架，强化海外传播人才队伍建设，打造中国建筑大海外传播平台，在全球传播中国建筑价值理念；在"中国建筑"统一品牌形象下，积极打造高端专业子品牌，扩大集团"品牌星系"；在拥有成熟品牌系统与价值体系基础上，创新全球品牌创建思路，以理念前瞻性与模式可持续性将"中国建筑"品牌打造成为全球行业品牌领军者，成为世界标杆品牌。

一、探索城市建设运营新模式

在新型城镇化建设中，中国建筑充分发挥自身产业链条完善、资源要素齐全、能够为我国新型城镇化建设提供"一揽子"服务的比较优势，在北京、西安、郑州、天津、雄安等地投资建设诸多新型城镇化项目，充分展示了公司推进新型城镇化建设的理念和成就，扩大了行业影响。

雄安市民服务中心是雄安新区面向全国乃至世界的窗口，承担雄安新区政务服务、规划展示、会议举办、企业办公等多项功能，是雄安新区功能定位与发展理念的率先呈现。

2017 年 11 月，中国建筑中标雄安新区首个建设项目——雄安市民服务中心项目。其坚持"世界眼光、国际标准、中国特色、高点定位"理念，勇担央企使命，仅用 112 天就高质量完成项目建设和交付运营任务，树起"中国建造"的新标杆，做出"千年大计"新贡献，实现了模式创新、优质高效、行业引领、内部协同，体现了中建人能打硬仗、团结协作的良好精神，是中国建筑树牢"四个意识"、做到"两个维护"的生动实践。

中国建筑推进高质量发展的"雄安模式"，以创新驱动为理念，项目采用投资、建设、运营、基金管理一体化模式，由中海地产、中建三局、中建基金、中建设计集团等组成中国建筑联合体，与雄安建设投资集团共同设立基金，同时引入中国建筑发展公司、中建装饰、中建钢构、中建安装等单位共同参与。该项目开创了国内首例联合投资人模式，树立起新区建设典范，在加快资源整合、产业导入、平台融合等方面对新区乃至全国性城市建设形成引路效应；同时，雄安模式既是中国建筑可持续发展战略模式的落实，也是产业规划能力提升及未来产城综合开发的一次重要实验，保障公司在新时代实现高质量发展。

中国建筑为项目提供了一体化产品解决方案，并以项目投资商、建造商、发展商与后期运营服务商的角色为雄安市民服务中心的全生命周期建设以及长期稳定运营发挥着重要作用。依托自身在物业开发、城市运营、创意设计及现代服务等方面的优势，在项目基金管理、装配式产品建设、政府公共服务设施、写字楼、配套商业及公寓板块的开发运营等方面提供卓越的系统化、全流程服务，为雄安市民服务中心引入符合雄安新区产业规划和发展方向的创新型企业。

二、积极转型基建先锋

"纵横当有凌云笔。"中国建筑积极转型，扬鞭奋蹄。基础设施投资建设是中国建筑产业结构调整的重要方向。中国建筑投资建造了一大批关系国计民生的大型基础设施工程。特别是近几年，随着国家基础设施投资建设的快速发展，"京津冀协同发展""长江经济带""一带一路"三大战略（倡议）的强力引领，中国建筑基础设施事业得到了跨越式发展，业务覆盖高速铁路、轨道交通、高速公路、隧道桥梁、机场站房、能源核电、市政管网、水工港务等几乎全部基础建设领域，其中铁路里程 1800 千米；公路里程近 20 万千米；轨道交通里程数百千米；地下管廊占全国 1/3，海外基础设施业务已占总量的 40%。"中国建筑"迅速成为中国乃至世界范围内的基建名牌，公司也成长为中国唯一千亿美元级别的基建企业，同时也创造了多项世界第一、亚洲第一、中国第一。2006 年承接了国家西部大开发第一条能源大通道——太中银铁路，以中国建筑的品牌第一次打入铁路市场；修建了中国第一个桥建合一的火车站——武汉站。2007 年承接了世界第一条建在严寒地区的高速铁路——哈大高铁。后来，又承接了亚洲最大的火车站——南京南站；参与了丝绸之路经济带主干道——京新高速公路；投资建设中国建筑的第一条地铁全线——深圳地铁 9 号线、第一条城市环线——武汉四环线；投资建造两条地铁全线——南宁地铁 2 号线及 4 号线、徐州地铁 1 号线及 3 号线。

三、以责任为底色

企业履行社会责任的根本目的是实现可持续发展，而责任竞争力则是通往可持续发展的路径和密钥。《责任竞争力——解码企业可持续发展》中明确提出：责任竞争力强调平衡好各个利益相关方利益和期望的同时，也要注重自身的效率和效益，是鱼和熊掌要同时兼得。其公式是企业责任竞争力＝专业优势＋社会责任＋经济效益。

中国建筑品牌引领型社会责任管理之道的独到之处在于成功地将企业责任竞争力理念贯彻在中央企业转型升级中，以"拓展幸福空间"为使命，实现了高质量的发展目标。

清华大学经济管理学院副院长、教授钱小军提出，最近几十年，随着中国企业的崛起，全球都在关注中国企业将怎样改变世界、向世界贡献怎样的管理思想和实践以及怎样承担社会责任。以中央企业为代表的一批中国企业，积极探索社会责任管理，以期增强企业的责任竞争力、实现可持续发展，创造新经济时代的"中国管理模式"。

企业责任竞争力在一定程度上等同于企业可持续发展力，是一个综合衡量企业可持续发展能力的新概念。这也决定了它不仅仅要解决社会、环境和员工问题，同时也包括经济问题的解决。

中国建筑从成立以来，就以责任为底色，发挥自身的专业优势，在提升自身竞争力的同时，兼顾环境和社会问题，努力实现"拓展幸福空间"的使命。

不忘初心，牢记使命，人民对投资建设领域美好生活的向往就是中国建筑的奋斗目标。"拓展幸福空间"是中国建筑的企业使命，与党的十九大精神"为人民谋幸福，建设美好生活"一脉相承。通过贯彻"创新、协调、绿色、开放、共享"五大发展理念，中国建筑致力于为客户、员工、政府、供应商等利益相关方创造价值。展现新气象，实现新作为，中国建筑正在打造世界一流示范企业，为中国乃至全球可持续发展贡献"中建力量"。

1. 建造幸福空间，塑造优质典范

中国建筑以实际行动率先贯彻党的十九大精神，投身开拓人类未来城市建设与运营的新模式实践，以"雄安模式"打造"雄安质量"，做雄安新区及未来全国新型城镇化建设与运营、城市综合建设改革的一面旗帜。公司成立由党组书记、董事长为组长的领导小组与工作机构，全力以赴将新区项目打造成为智慧建造标杆、优质运营典范。

2017 年 11 月，中国建筑中标雄安新区首个建设项目——雄安市民服务中心项目。雄安市民服务中心是雄安新区面向全国乃至世界的窗口，承担着雄安新区政务服务、规划展示、会议举办、企业办公等多项功能，是雄安新区功能定位与发展理念的率先呈现。

为打造优美生态环境，中国建筑将"绿色建筑"理念融入项目的设计、建造、运营全过程，助力雄安新区绿色宜居新城区建设。在设计方面，高起点高质量高规格规划；在绿色建造方面，项目采用可循环建筑材料，所有建筑物楼顶、墙壁等均可重复利用、整体吊装；在绿色运营方面，开展多维度能耗数据采集，分析能耗大数据，优化能源利用策略。

2. 营造幸福空间，传播文化艺术

优秀建筑作品也是展现文化魅力的艺术品，将建筑的艺术性、技术性和功能性完美融合，结合地方文化特色建设文体中心，丰富人民文化活动。中国建筑钢结构博物馆是其投资建设运营的公益项目，西藏非遗博物馆是其承建的世界海拔最高的博物馆项目。

深圳当代艺术馆与城市规划展览馆既是深圳当代艺术与城市文化传播、传承、建设的重要窗口，也是中国建筑采用 BOT 模式首个建设运营管理的博物馆项目。2017 年，"两馆"荣获 2016～2017 年度鲁班奖。

内蒙古少数民族群众文化体育中心是向世界展示内蒙古民族特色和社会进步的国际中心。中国建筑以"搏克雄狮"为设计灵感，应用大量 BIM、3D 扫描、物流二维码追踪等行业最新技术成果，仅用一年时间就高质量完成了场馆建设。

中国建筑以 6 个月的时间创造了"湄洲奇迹"，高质量完成兼具功能性和艺术性的文化地标——世界妈祖文化论坛永久性会址。该会址采用唯美波浪造型，形成"横看成岭侧成峰"的美学效果，成为"海上丝绸之路"上闪耀的明珠。

3. 构建幸福空间，助力科技强国

高端工业工程是体现国家科技实力的重要标志。中国建筑贯彻落实国家创新驱动发展战略，以科技创新为引领，以"中国建造"筑基大国实力，助力建造高端工业工程，为科技兴国之路奠定坚实的基础。

广西防城港"华龙一号"核电工程是我国首个拥有完全自主知识产权的核电品牌，安全程度极高。中国建筑推进"华龙一号"核电土建工程项目，实现了建设体量更大、结构更复杂、质量要求更严、安全要求更高的项目目标。

中国建筑领军大型高科技电子厂房领域建设，是全球高科技电子厂房首选承包商。2017 年，中国建筑中标四川绵阳京东方最新一条第 6 代 AMOLED（柔性）生产线项目和四川仁寿信利第 5 代 TFT – LCD 高端显示器 EPC 项目，助推四川成为全国最大的 AMOLED 生产基地和全球最大的车载显示屏生产基地，促进了西部地区电子信息产业结构转型升级。

新时代新时期，中国建筑始终坚守使命，彰显大国建造伟力，将企业发展融入国家政治格局和战略布局，以投资、建设、运营、发展一体化的企业实力，积极投身于国家新型城镇化、区域经济发展、供给侧结构性改革等重大战略实践，不断丰富"幸福空间"的内涵，持续推进绿色建造、智慧建造、建筑工业化三大方向科研工作，为社会大众提供高品质的产品和服务，成为经济社会发展可以依靠的坚实力量。

四、以科技为支撑

从某种意义上说，科技实力决定着世界政治经济力量对比的变化，也决定着各国各民族的前途命运。因此，大型国有企业必须增强自主创新能力，坚持把发展基点放在创新上，按照国家大力培育创新优势企业，明确更多依靠创新驱动、更多发挥先发优势的引领型发展的方向，为整个国家抢占世界科技的制高点做出自己应有的贡献。也只有这样，企业本身才能在日趋激烈的国际竞争中立于不败之地，逐渐成长为世界一流的企业。

中国科学技术是国家繁荣发展的动力引擎，中国的复兴史也是一部科学昌明、技术进步的发展史。当中国的科技工作者让"九天揽月，入海降龙"都成为现实，中国的建设者也毫不逊色，筑天路、修海港，为科技兴国的大道奠定了坚实的路基。

这些年中国建筑在科技创新方面成效显著，获得了诸多荣誉。2018年，研发投入159.1亿元，公司中级及以上专业技术职务人员69562人，占员工总数的23%。此外，获国家科技进步二等奖1项、中国土木工程詹天佑奖4项、省部级科技奖356项，取得省部级工法1015项，获专利授权4435项，各项科技成果继续保持行业领先地位。

1. 上天

无论是西北戈壁的酒泉卫星发射基地还是渤海之畔的天津大运载火箭装配厂房；无论是中建一局与中国航天的三次携手还是中建三局的航天九大工程，几十载的不解之缘，"用造火箭的精神建工程"，让中国建筑的名字深深镌刻在中国航天事业的丰碑上。中国建筑人在酒泉卫星发射基地铸就了"艰苦创业、科技为先、忘我奉献、铸造精品"的大漠精神，为祖国航天事业铺垫了一方稳稳的基石。中国建筑在海南文昌航天发射中心参建我国首个滨海发射基地，成功托举起长征七号、五号运载火箭。在太原航天发射中心、天津"长征五号"大推力火箭试验厂房、中国运载火箭技术研究院科研楼等一系列重点工程建设中，中建精神与航天精神碰撞出默契和信任的火花，为祖国航天事业做出独有的贡献。

2017 年 5 月，中国 C919 大型客机成功实现首飞。多年来，中国建筑承担着中国商用飞机有限责任公司厂房建设、机电和消防安装等一系列任务，创造性地将国内最大钢结构屋盖顺利提升到预定位置，圆满完成 C919 大飞机核心制造厂房的建设任务。

2. 入地

有一种说法，"19 世纪是桥的世纪，20 世纪是高层建筑物的世纪，21 世纪应该是地下工程的世纪"。随着中国城市接连跻身世界一线城市阵营，地表上的竞争力已经成为建筑企业的"标配"，而更具科技含量的地下工程既见证了一个城市的智慧程度，也印证了建筑企业的专业竞争力。曾经在神话故事中才有的"遁地术"，如今已成为中国建筑又一项显著优势。

最近几年，中国建筑在北京、天津、重庆、深圳、南京、成都、长沙、南宁、徐州等城市的轨道交通建设中显露峥嵘，尤其值得一提的是合同总额为 153 亿元的深圳地铁 9 号线项目。堪称"地质博物馆"的地下自然条件和复杂的经济社会发展环境相叠加，使深圳成为中国地铁施工难度最大的城市之一。中国建筑成功地解决了世界级的地铁施工难题，开创了地下施工与地表生态修复同步进行的施工模式，充分保护了生态体系。而"融资 + 设计施工总承包""工程建设 + 沿线物业开发"的模式创新，更是地铁建设史上的一大壮举。

3. 通江

"分水术"是古人关于过河渡江的浪漫想象。而随着中国城市经济的繁荣和百姓生活水平的提高，跨水域构建完善的城市路网、提升城市交通便利性已成为迫切需求，这就给建筑施工企业提出了一个新课题。作为行业领军者，中国建筑责无旁贷承担起先行者的重担，如今已经在桥梁、盾构、清淤等各类施工中掌握最尖端的技术，打造了一批利国惠民的代表工程。

在武汉东湖隧道项目上，中国建筑打赢了一场既要保护绿水青山、又要打通金隧银路的攻坚战。东湖隧道工程建设规模之巨、技术含量之高、环保要求之严、施工难度之大，创造了多个"中部之最"。而该工程的顺利通车，不仅大大改善了武汉的城市交通，还最大限度保护了东湖湖底的自然生态。在路、桥、隧道、立交齐全的衡阳市二环东路项目中，中建施工的首条大断面过江泥水盾构隧道兼具隐蔽性、复杂性和不确定性，凭借过硬的技术，中国建筑不断优化施工方案，圆满完成施工任务，展示了"国家队"的良好形象。

而在长江、黄河、松花江等一条条奔腾汹涌的河流上，中国建筑则一次次架起长虹，完成了天堑变通途的壮举。位于武汉西四环线的汉江特大桥同时拥有三"最"：主桥面总宽 43.6 米，为世界同类型桥梁之最；混凝土箱梁采用的牵索挂篮重达 280 吨，规模为国内之最；主跨360 米，是千里汉江之上主跨长度之最。中国建筑人全力攻关、日夜奋战，终于战胜滔滔汉江，完成一次筑梦之旅。对中国建筑人而言，"逢山开路，遇水架桥"绝不是一句口号，而是他们日常生活最真实的总结和写照。

4. 达海

近年来，中国建筑在海洋强国进程中以专业专注的初心、立品如山的匠心、精耕细作的恒心打造出一系列诸如世界级、国内唯一的国家海洋战略基地项目。其旗下中建筑港集团有限公司（以下简称中建筑港）勇担光荣使命，依海而兴、向海图强，为"蛟龙号""科学号""大洋号""向阳红"等中国海洋"国之重器"筑巢安家，建设诸多水工项目，以"深""远""重""大"的责任担当为海洋强国建设贡献蓝色力量。

2013 年 10 月，中建筑港从众多竞争对手中脱颖而出，成功中标国家深海基地项目，担负起为"蛟龙号"建家筑巢的重任。作为我国唯一的深海基地，该工程既包括码头、引堤等海上工程，也包括陆上科研基地和母港，对环境要求高，施工难度大。公司项目部优化设计、精研方案，不仅确保了"蛟龙号"母船安全靠泊，还最大限度地保护了当地的自然生态，在水工领域打造了一个标志性建筑。

国家海洋科学考察基地是中国最大、最先进的海洋综合科考船"科学号"母港基地，中国建筑为海洋上的"移动实验室"建家，结束了中国科学院海洋研究所 60 年没有科考专用基地的历史。该项目将BIM 技术大量应用到施工当中，实现了 4D 施工模拟、5D 施工管理，使项目工期大大缩短。同时，创新性采用混凝土灌注桩施工技术，增加了码头的透风性，海水可以自由流动，并可抵御十二级台风。依托国家海洋科考基地，中国科考船的每一次远航都凝聚着中国建筑的蓝色祝愿。

上海洋山深水港建设也是一个传奇。中国建筑人用 15 年时间缔造了一个"沧海桑田"的神话——将孤悬东海之上的大小洋山岛，打造成现代化的洋山深水港。从一期工程开始，项目部员工乘坐着租来的渔船，凭借"吃三睡五干十六"的精神，开始了征服洋山岛的征程。15年砥砺，中国建筑以高水平、高标准实施这项国家战略性工程，在海上"种"出一座世界最大的自动化码头。

回望这些年，中国建筑在科技兴国的伟大历程中留下了很多丰碑：为运算能力超过每秒千万亿次的超级计算机曙光"星云"建造新家，为领先世界 20 年的中科院国家天文台"天眼"布设"神经"和"血管"……无数的科学奇迹在中国建筑打造的空间里诞生，被历史铭记。

第三节　树立建筑行业的标杆

一直以来，中国建筑将"拓展幸福空间"作为企业使命，经过十余年的发展，已经步入跨越式大发展阶段，影响力持续扩大，不断深化，获得了社会各界和行业的广泛认可。

"拓展幸福空间"意在将冷冰冰、缺乏生机的工程项目升华为建设拥有情感的空间。每一个建筑项目的背后是中国建筑建设者"工匠精神"的折射，是中国建筑"拓展幸福空间"使命下责任文化的体现。

一、从履约到履责的蜕变

中国建筑的"履约"以诚信为核心，在经营价值观中突出诚信，在项目管理中强化诚信，在工程施工中落实诚信，在客户满意中展现诚信。

正是在"履约"的基础上，中国建筑给自己提出了更高的要求——向"履责"迈进。从履约到履责，是管理境界的飞跃，是企业实力的展示，更是价值创造的先决条件。

阿尔及利亚大清真寺项目就是对中国建筑彰显履责能力的有力证明。该项目承接之处对于中国建筑的建造技术、管理能力、协调能力等都是一个极大的挑战。

阿尔及利亚宗教事务和宗教基金部长格拉马拉表示，大清真寺建造计划承载了阿国百年的民族梦想，国家希望它能屹立千年。

公司项目经理表示，"阿国人民愿意把自己民族的信仰工程交给我们中国人来做，对我们来说是极大的信任，我们一定要将心比心，用匠心建筑信仰的高度"。

中国建筑不负所托，无论从设计还是施工质量，项目团队都按地震统计资料中过去一千年内最不利的情况进行严格要求。如今阿尔及利亚大清真寺成为世界第三大清真寺、"非洲第一高楼"。

阿尔及利亚大清真寺项目、"埃中友谊大厦"、埃塞俄比亚非盟会议中心、刚果（布）国家一号公路、印尼111标志塔项目……中国建筑正是从"履约"到"履责"这一跨越的体现。有约定按约定办，没有约定难以约定的，按照对于"责任"的理解去办，中国建筑以高质量的建筑品质和积极履行企业社会责任的综合表现一次又一次赢得了国际合作方的绝对信任、当地社区的认可，实现了民心相通。其不仅在世界各地树立了一座座建筑丰碑，更是在世界人民心中树立了"中国口碑"。

二、从利益思维到价值思维的转化

中国建筑在责任文化中坚持以"为利益相关方拓展充满幸福感的发展空间"为己任。作为企业，业主利益至上似乎是天经地义的，但中国建筑将"利益"二字转化为"价值"二字，同时平衡业主与其他利益相关方的共同价值。

对每一个建造项目，中国建筑都是用心雕琢、精益求精，不仅为了完全达到一流的建造标准要求，还关注建筑物本身高效和环保等元素，致力于建造出包含美、艺术与文化的经典建筑，极力为客户打造幸福空间。

例如，中国建筑建造了中国大陆第一座迪士尼乐园，接受的是一项前所未有的挑战，因为迪士尼乐园是全球建造要求最严、建造成本最高的主题乐园，拥有全球最严苛的安全文明施工标准及国际劳工管理体系。

迪士尼乐园对于中国建筑而言，不仅仅是一座座城堡、一个个花园、一份建筑合同，更是用砖瓦打造的梦幻乐园。

三、从文化理念到品牌管理的升华

在中国建筑看来，社会责任不仅是作用于公司文化理念的重要组成部分，更是一套有利于塑造企业品牌的公司管理方法。

自从中国建筑发布的第一份企业社会责任报告取得极好反响后，中国建筑逐步深化了对企业社会责任的认识，从将社会责任融入企业文化理念，到后来将企业社会责任融入企业日常管理与运营中，直至如今升级为战略层面的中国建筑品牌经营之道。

实践证明，这些年中国建筑以社会责任为理念，以提升利益相关方幸福指数为目标，从拓展价值、品质、生态、成长、共赢、创新、和谐空间七个方面，力求为项目利益相关方创造"幸福空间"。

正是以社会责任为指引，中国建筑不仅圆满完成了一系列的大型建筑项目，还创造了超越期待的建筑精品。这一系列基于社会责任的项目实践，不仅有效地防范了多种风险，超越了客户的期待，还赢得了口碑，强化和刷新了中国建筑的美誉度，逐步形成和扩大了中国建筑的品牌影响力。

中国建筑花了五年时间，用"拓展幸福空间"的使命、工匠精神、责任文化、现代化管理、创新思维、精湛技术、国际标准向全球迪士尼提交了一份完美的艺术作品，也为中国孩子打造了一个美丽梦幻的童话世界——上海迪士尼。

四、从计划到全面市场竞争

中国建筑成功的要素之一就是坚持市场化发展。中国建筑秉持市场化的改革发展方向，以市场为导向，遵守市场规律，提高对市场规律的驾驭能力。

中国建筑处于完全竞争领域，是一家市场化程度较高的中央企业。市场化发展、差异化竞争、一体化拓展、科学化管理，中国建筑一直修炼"内功"，尤其是"区域化、专业化、标准化、信息化、国际化"战略的实施，实现了内部资源的优化配置。中建钢构、中建电力、中建交通、中建装饰等一批专业公司的整合，既拓展发展空间和品牌影响力，也为中国建筑在市场竞争中发挥全产业链优势和推进"大市场、大业主、大项目"的市场策略提供了专业支撑。

竞争才让企业变得强大。中国建筑正是源自市场竞争的深沉积淀，最终成长为全球化背景下代表中国参与国际竞争的重要力量。

通过投资带动获取项目，通过并购补足"短板"，实现投资建设运营一体化。市场化经营仍然是中国建筑保持海外竞争力的重要因素。坚持市场化运作，迎接市场风浪。在服务好"一带一路"建设外，中国建筑一直将提升国际公开竞争水平作为企业海外核心能力加以锤炼，在与欧美一流建筑公司公开竞标中中标世界第三大清真寺——阿尔及利亚大清真寺项目，一举夺得高达 15 亿美元的当年国际市场最大单体建筑大单；在文莱承建的淡布隆跨海大桥工程，也是在国际公开招标情况下竞得的特大基础设施项目；在美国、新加坡等发达国家市场更是在完全市场化的竞争中发展壮大起来的。

第四节　成为"一带一路"上的中国名片

作为国内最早"走出去"的投资建设企业，中国建筑凭着不打折扣的诚信履约能力，一次又一次赢得了国际合作方的绝对信任。开罗国际会议中心被誉为"埃中友谊大厦"，泰国拉玛八世皇大桥被印在泰国货币上，阿尔及利亚大清真寺项目宣礼塔登顶非洲最高建筑，迪拜人造棕榈岛创造"世界第八大奇迹"，埃塞俄比亚非盟会议中心成为"新时期中非友谊的象征"，刚果（布）国家一号公路被萨苏总统称为"通向未来之路"……截至目前，中国建筑已累计在海外 130 多个国家和地区承建了 6000 项工程，通过奉献中国智慧、中国技术、中国标准，为当地奉献精品工程，增进沿线国家民生福祉，赢得所在国家政府和民众的高度认可，树立起了"中国建筑"品牌形象的丰碑，更成为"中国建造"的一张亮丽名片。

一、坚持本土化经营，彰显品牌影响力

"一带一路"倡议为中国建筑发挥自身优势、继续坚持"走出去"战略提供了千载难逢的机遇和舞台。在共商、共建、共享的建设原则以及互利共赢的丝绸之路精神指引下，中国建筑的海外经营取得显著成效。

自"一带一路"倡议以来，中国建筑立志做践行"一带一路"倡议的代表者和领先者，实现投资、建设、运营一体化服务价值链的组织者和领导者。积极调整战略布局，强化"大海外"平台作用，充分发挥30多年积累的国际化资源，初步形成覆盖亚太、非洲、欧洲、拉美地区重点和热点国家市场的营销网络，以国内外一体化为基础，积极探索各种经营模式，释放生产力，增强竞争力。通过投资带动获取项目，通过并购补足"短板"，中国建筑真正实现了投资建设运营一体化。

中国建筑不断从"走出去"中汲取了充沛的养分和深沉的力量。从早期海外开拓，以工程进度快、质量好、造价低向国际承包商发出挑战，到新时代发展至 EPC 工程总承包模式，设计、采购、建设一体化以及融投资带总承包。尽管在国际化道路上充满荆棘，但中国建筑始终坚持不懈、执着前行。

艰难拼搏，玉汝于成。只有竞争才能让企业变得强大。中国建筑"蓝色力量"正是源自市场竞争的深沉积淀，最终成长为全球化背景下代表中国参与国际竞争的重要力量。

中国建筑30多年的海外业务发展实践也充分证明了实施"本土化"策略，长期坚守所在市场，将东道国视为长期合作伙伴，打造命运共同体、利益共同体，实现互利共赢才是海外经营基业长青的法宝。作为中国最早"走出去"的企业之一，中国建筑不仅成功进入美国、新加坡、中东等发达国家市场，跻身当地国际承包商领先行列，同时还

扎根阿尔及利亚、埃及、刚果（布）、埃塞俄比亚、巴基斯坦、马来西亚、越南等发展中国家长期精耕细作，承揽了一大批重大标志性项目，凭借出色的履约能力获得所在国家政府和民众的高度认可，彰显了中国建筑独具特色的品牌影响力。

二、追求匠心品质，树立"震不倒的丰碑"

"品质保障，价值创造。"在参与"一带一路"建设过程中，中国建筑过硬的质量展现出中国制造、中国创造的卓越品质，获得了沿线国家和民众的认可。中国建筑承建了世界一半以上的超高层建筑，同时也承建了大量基础设施项目，如马来西亚标志塔、阿尔及利亚嘉玛大清真寺、刚果（布）国家一号公路以及美国汉密尔顿大桥等，施工技术和能力居全球领先地位，带动了中国技术和标准"走出去"。

中国建筑以优质的服务为当地民众提供放心工程，而卓越的品质也树立了中国建筑的品牌形象，提升了中国建筑的品牌价值。在阿尔及利亚7级大地震中，当地房屋受损严重，但中国建筑承建的各类建筑基本完好如初、无一倒塌，被当地政府和民众誉为"震不倒的丰碑"。

中国建筑在"走出去"过程中曾经历了海湾战争、阿尔及利亚大地震、亚洲金融危机、利比亚战乱等各种动荡与风险。通过"十年如一日"的执着、"二十年磨一剑"的韧劲、"三十年不回头"的坚守，中国建筑与国际巨人同台竞技，成功登上了国际化发展的舞台。截至2018年底，中国建筑在阿尔及利亚经营35年，在美国经营32年，在博茨瓦纳经营29年，在新加坡经营25年，已经形成了五大稳定的产出区。截至2018年，中国建筑已经连续三年稳居ENR全球承包商250强榜首，累计完成海外合同额1916亿美元，营业收入1149亿美元，一直稳居我国企业前列。

三、承担国家项目，刷新国际合作新局面

"一带一路"建设的推进要以政策沟通、道路联通、贸易畅通、货币流通和民心相通的"五通"策略为基础。中国建筑在海外市场拓展中始终着眼于当地政府和民众迫切需要解决的问题，在项目选择上高度重视当地需求与"一带一路"倡议的契合，积极发展关乎民生、增进民众福祉的项目，以提升当地经济发展水平。

中巴经济走廊旗舰项目——巴基斯坦 PKM 公路就是按照"急巴方之所急"的建设原则最早确立的中巴经济走廊重点建设项目。该项目是沿巴基斯坦南北走向的快速通道，高速公路沿线覆盖巴基斯坦 70%的人口居住区，90% 的 GDP 产区，对巴基斯坦具有极其重要的政治、经济意义。在项目的前期规划设计过程中，出现了很多困难和挑战，但中巴双方始终坚持共商、共建、共享的原则，互相配合，共商对策，在线路走向、建设等级、融资建造模式、建设价格等方面充分论证，解决分歧，最终达成共识，实现了项目的顺利实施。

同样，中国建筑在刚果（布）成功实施了全长近 600 千米、连接其首都布拉柴维尔和港口城市黑角的国家一号公路，随着该项目的通车运行，两城市往返时间比原来缩短 4 倍，车辆日通行量平均提高 10 倍以上，极大地带动了公路沿线乃至该国的经济发展。在公路通车仪式上，刚果（布）总统萨苏为中国建筑颁发了"骑士勋章"，称赞一号公路为"通向未来之路"，并赞誉中国建设者"圆了刚果（布）几代人的梦想"。

四、秉承互利共赢，成为受欢迎企业

中国建筑进入海外市场较早，对企业社会责任的重要性感受深刻。履行好社会责任是推进"一带一路"建设的题中之义，无论在国内还

是在海外，中国建筑都注重将社会责任与经营发展有机融合，不断完善海外社会责任治理机制，以构建责任文化为主体，以提升利益相关方幸福指数为目标，全面推进社会责任理念融入公司战略、日常运营和员工日常工作中。

（1）提供就业岗位。中国建筑各驻外机构一直将培训和引进属地化员工、不断提升属地管理人员的层次作为海外人才规划的长期战略。近年来，各驻外机构属地化水平逐年提高，其中中建美国公司、中建中东公司、中建南洋的属地化比例已分别达到98%、85%和81%，为当地创造了大量就业机会。

（2）坚持合规运营。严格遵守当地法律法规，将中国建筑的管理体系和当地法规的要求和特点充分融合，使这些制度、流程既体现属地化因素，又具有国际化特色。在安环、环保和职业健康方面，对各海外机构同规划、同部署、同要求，充分保障属地员工的权益，让他们在中建大家庭里安全、快乐地工作。

（3）参与社区建设。积极参与项目所在区域的社会公益事业，开展了多样、务实的公益项目，涉及教育、医疗等多个领域，将触角延伸到基层社区和普通民众。这些公益项目满足了当地民众最迫切的现实需求，受到政府和民众的称赞。通过积极融入当地社会，不仅为项目的顺利实施创造了良好的属地环境，也体现了企业的社会责任和可持续发展。

秉承互利共赢、共同发展的原则，中国建筑将围绕"拓展幸福空间"的企业使命，不断整合优势资源，主动寻求合作发展，在新时代的丝绸之路上打造亮丽的"中国名片"。

第五章　品牌引领型社会责任管理之愿

中国建造的意义不仅是优秀的品质和响亮的品牌，更在于始终要有创造美好生活与美好未来的初心与梦想。未来，中国建筑将持续深化和完善品牌引领型社会责任管理模式，以品牌为引领，推动公司在全球范围内更好地承担社会责任。中国建筑加强品牌顶层设计，彰显品牌核心价值，优化品牌发展战略，完善管理体制机制，开展品牌推广行动，以强大的品牌软实力为公司打造世界一流示范企业提供硬支撑。

第一节　品牌引领型社会责任
管理的未来构想

未来，中国建筑将以习近平新时代中国特色社会主义思想为指引，牢固树立新发展理念，明确发展目标，从品牌战略、品牌形象、品牌管理、品牌传播四个方面推进，驱动品牌工作向"加速提升""全面引领"阶段迈进，努力开创品牌引领型社会责任管理新格局。这些举措概括为"一个指导思想、两个目标、四大工程"。

一、一个指导思想

以习近平新时代中国特色社会主义思想和党的十九大精神为指导，以高质量遵循中国特色社会主义市场经济规律和品牌建设的基本规律，围绕"三个领军""三个领先""三个典范"标准要求，持续提升中国建筑品牌创新能力和核心竞争力，打造具有国际竞争力的世界一流品牌。

二、两项目标

公司履行社会责任的能力和水平显著提升，形成了具有中国建筑特色的履责模式，在全球树立起了中国建筑负责任、受尊敬的公众形象，促进了公司与全球利益相关方的可持续发展。其中：

力争到 2021 年建党一百周年时，初步建成具有全球责任竞争力的世界一流投资建设企业；

到 2025 年末，将中国建筑建设成为全球投资建设领域履行社会责任的典范企业和贡献全球可持续发展的典范企业。

三、四大工程

1. 品牌战略工程

中国建筑将深刻把握品牌发展规律，推动企业向高质量发展。强化品牌战略统筹，对标知名跨国企业品牌实践，推进品牌、社会责任与公司经营管理业务的协同发展，进一步激发品牌引领作用。推进集团硬实力与软实力同步建设，结合集团产业布局与海外拓展，进一步研究论证品牌定位、修订品牌发展规划、塑强传播管理体系，建立健全品牌引领型社会责任管理评价考核体系，指导全系统品牌建设工作有序推进。

2. 品牌形象工程

根据"中国建筑"品牌定位，进一步优化品牌架构，修订、完善"企业形象识别"规范体系，以严格的管理制度保证规范落地，保持国内外品牌核心规范的统一性。

中国建筑将用战略的眼光，结合市场需求的变化和转型升级的要求，对品牌个性注入新的内涵、新的形象，力争在谋求广泛的市场空间上取得明显效果。

在企业经营层面，文化与品牌由内向外包含核心理念层、制度层、行为层、物质层四个层面。文化与品牌建设要注重有效协同，具体表现在：理念层协同，作为文化和品牌的共同基因；制度层协同，发展和完善企业的文化管理体系、品牌管理体系；行为层协同，注重规范、协调和落实企业的规章，完善企业行为模式；物质层协同，建设和管理统一的企业形象视觉规范，树立鲜明有力的企业品牌形象。

在市场经营层面，中国建筑的业务领域，产品、服务、质量都是关键价值创造要素。质量、诚信、技术、安全等是品牌建设的关键要素，要发挥文化引领作用。同时，随着时代的发展和客户价值需求的变化，责任、环保、创新、共赢等也成为企业重要的价值成长要素。这些价值要素都应成为企业文化建设和品牌建设的重点，成为文化和品牌协同建设与发展的关键内容。内塑文化，可以向内提升组织力；外塑品牌，可以向外提升市场竞争力，系统提升企业的核心能力。中国建筑企业文化可以长青，则企业品牌就可以不朽。

3. 品牌管理工程

全面梳理、完善集团品牌管理体制和运行机制，健全上下、内外贯通的品牌管理工作体系，加强资源配置，明确管理目标，把品牌管理责任传至每个子公司、项目及员工，提升全员品牌意识，系统性提高集团品牌建设和管理水平。

品牌管理框架包含品牌战略、品牌管理组织架构以及品牌管理制度等。中国建筑将逐步完善企业品牌运营流程，纳入企业标准化管理之中；完善品牌管理体系，形成上下统一的品牌管理机构和制度。

当下，中国建筑还处于品牌管理的初级阶段，要让品牌管理落地，还需要继续明确品牌管理职能，从领导层面、管理层面、子公司层面和员工个人层面，明确责任，落实品牌管理责任。

4. 品牌传播工程

讲好中国建筑"培育世界一流示范企业"的品牌故事，把形象公关和品牌宣传纳入各项业务策划，制定和实施有针对性的传播策略和方案，有效整合传播资源、创新传播手段，加强国际传播能力建设，依托好业绩、发出好声音、树立好形象。具体包括：

（1）推进企业识别战略。把中国建筑项目管理的高水平、环保节能的发展理念、专业化的管理团队、诚信履约的良好信誉等体现在所有在施项目上，以高美誉度、高强度、高冲击力的信息展示品牌形象，引导人们将注意力集中到企业品牌上。

（2）依托重点项目传播高端的品牌形象。积极联络主流媒体，抓住高端建造能力、科技创新、"四位一体"全产业链优势等亮点。中国建筑将集中资源，大力开展宣传报道，扩大企业社会影响力和美誉度。

（3）践行"一带一路"倡议，提高品牌国际影响力。加强海外研究，充分了解海外目标受众，策划传播主题，综合运用传播渠道，搭建国际交流平台，开展具有海外特色的品牌宣传活动，讲好品牌故事，提高品牌的国际竞争力。

（4）树立良好社会形象。与国家导向、社会大势及民众关注的热点形成良好的结合和呼应，结合"天时""地利""人和"实现品牌推广计划。从企业文化的价值层面理解品牌，从系统性建设的宏观视角塑造品牌。

中国建筑站在历史的新起点，将紧紧跟随党和国家的总体部署，提质增效，转型升级，坚持走品牌化路线，将创新、产品和服务推向极致，多方位开展强势品牌建设，打造世界建设领域的第一品牌，让"中国建筑"品牌成为展现中国文化和国家形象最为亮丽的名片。

第二节　品牌引领型社会责任管理的未来实施

中国建筑制定了总体思路，有计划、有步骤、分阶段推进品牌引领型社会责任管理推进模式的实施，以全球范围开展的"建证幸福"品牌行动为抓手，努力提升品牌的影响力和美誉度。

一、起步阶段：全球视野，丰富内涵

成立社会责任世界一流对标课题组，成立由专业咨询专家和顾问、行业专家、集团社会责任人员、各职能部门及下属企业代表等多方构成的课题小组，构建起共商共建的多利益相关方网络，保障"建证幸福"品牌行动既具有行业前瞻性，又符合中国建筑发展实际需要。

通过开展世界一流投资建筑企业的品牌建设和社会责任对标研究，进一步明确和丰富品牌引领型社会责任管理的内涵，优化品牌引领型社会责任管理实施的步骤和流程，为该管理模式的推广落地奠定良好基础。

二、落地阶段：系统实践，全面推进

在前期对标研究基础上，形成中国建筑品牌引领型社会责任管理的总体工作方案。组织专项培训，统一公司全体员工对于品牌引领型社会责任管理重要性的理解和认知，为成员企业推进品牌引领型社会责任管理提供指导。组织责任品牌示范基地建设，为评价责任品牌管理水平提供有效工具，逐步实现中国建筑责任品牌管理系统化、规范化、标准化、品牌化。

在国内，结合回报股东、满意客户、保护环境、成就员工、携手伙伴、引领行业和造福社会七大责任主题以及各工程局、专业公司业务特色，系统推进责任品牌实践，打造中国建筑责任品牌示范基地或示范项目。

在国际，聚焦"一带一路"沿线国家和地区，参考中国建筑社会责任主题和议题，结合业务所在国当地实际，重点围绕属地化运营、国际减贫、教育培训等关键议题开展社会责任实践，打造中国建筑国际化责任品牌示范基地或示范项目。

三、升华阶段：重点推广，提升影响

依托中国建筑融媒体平台，搭建集团内部责任品牌共享平台，实现政策、信息、知识、经验共享，促进内部品牌建设沟通交流，形成规范统一的责任品牌话语体系。

将中国建筑责任品牌进行统一管理与策划，并进行信息数据化管理，搭建中国建筑责任品牌信息管理平台，形成对外责任品牌的统一归口管理。开展中国建筑社会责任试点示范、打造责任品牌项目，总结一批社会责任示范实践，做好内外传播，推广一批具有全球影响力的责任品牌项目，探索中国建筑品牌引领型社会责任管理模式的复制和推广路径，提升中国建筑的运营透明度，显著提升中国建筑品牌美誉度和社会责任影响力。

第三节 品牌引领型社会责任管理的全球行动

中国建筑将主动对接"联合国 2030 年可持续发展议程"，全面贯彻《国有企业更好履行社会责任的指导意见》，培育社会责任文化，打造责任品牌，推进社会责任与公司品牌建设、运营管理的全面融合。

中国建筑将以"建证幸福"全球系列品牌行动为抓手，积极践行企业社会责任，通过回报股东、满意客户、保护环境、成就员工、携手伙伴、引领行业和造福社会，努力打造公司的责任品牌，为公司与全球的可持续发展做出积极贡献。"建证幸福"系列品牌行动领域如图 5 - 1 所示。

图 5 - 1   "建证幸福"系列品牌行动领域

中国建筑制订了 2019 ~ 2025 年"建证幸福"全球行动计划，将行动项目分为三批滚动在全球运营地优秀项目中实施。如表 5 - 1 所示。

表 5 - 1　建证幸福·全球行动

	行动计划	行动项目	SDGs 对标
1	回报股东——拓展价值空间	社会责任倡议（第二批） 可持续发展中长期战略（第二批） 透明度＋行动（第三批）	11. 可持续城市和社区 8. 体面工作和经济增长
2	满意客户——拓展品质空间	最美工匠（第一批） 可持续建造者（第二批） 透明营销行动（第二批）	9. 产业、创新和基础设施 12. 负责任消费和生产
3	保护环境——拓展生态空间	绿色建造挑战（第一批） 绿色投资计划（第二批） 生物多样性保护行动（第三批）	13. 气候行动 15. 陆地生物
4	成就员工——拓展成长空间	幸福小家计划（第一批） 安全之星计划（第一批） 全球员工之星培养计划（第二批）	3. 良好健康与福祉
5	携手伙伴——拓展共赢空间	三级供应商推选计划（第二批） 金牌供应商打造计划（第二批）	16. 和平、正义与强大机构
6	引领行业——拓展创新空间	Leading 计划（第二批） 行业育星计划（第二批）	9. 产业、创新和基础设施
7	造福社会——拓展和谐空间	中建扶贫模式（第一批） 国际社会责任示范项目与基地创建项目（第二批） 全国农村留守儿童关爱保护行动（第一批） 中建工友关爱行动（第一批）	4. 优质教育 6. 清洁饮水和卫生设施

附录　中国建筑企业社会责任大事记[①]

2019 年	· 推出"不忘初心　牢记使命"文化教育课程、教育影片，推出责任专刊《初心》 ·《中国建筑股份有限公司 2018 可持续发展报告》所有评价指标达到"全五星"，为行业首份。组织编制《中国建筑在埃及可持续发展报告》 · 举办"建证 70 年·迈向世界一流"主题开放日活动，增进社会公众对公司了解 · 举办"全国农村留守儿童关爱保护志愿者宣传宣讲"活动，增强务工人员家庭监护主体责任意识，提升关爱沟通技巧 ·"中国建筑"品牌在中国品牌建设促进会"2019 中国品牌价值评价"中，以品牌强度 942、品牌价值 961.48 亿元蝉联行业首位 · 在 2018 年度中央单位定点扶贫工作成效考核中，荣获最高等次"好"的评价 · 在国务院国资委首次"中央企业社会责任报告集体发布仪式"上做主题分享 · 在国务院国资委"走进新时代　展现新形象——庆祝改革开放 40 周年中央企业故事大赛"评选中，获奖数量位居中央企业前列 · 积极履责"五位一体　塑造世界一流投资建设品牌"获评国务院国资委"2018 年度中央企业品牌建设最佳实践"

[①] 资料来源：根据历年中国建筑可持续发展报告及中国建筑社会责任相关工作总结、国务院国资委社会责任相关出版物。

续表

2018 年	· 举办"建证 40 年·中国建筑奇迹之旅"大型责任沟通活动，向利益相关方讲述中国建筑为国筑梦、为民筑福的责任担当 · 推出《红色基因　蓝色力量　绿色发展——中国建筑的文化之"道"》课程，增强文化自信与自觉，推出责任专刊《壮阔历程——从"深圳速度"到"雄安质量"》 · 正式推出企业文化手册《中建信条（修订版）》 · 丰富《中国建筑社会责任指标管理手册》，为丈量公司责任脚步、培育世界一流的责任品牌提供工具与指引 · 《中国建筑股份有限公司 2017 可持续发展报告》蝉联中国社会科学院五星级评级 · 总结形成"中国建筑品牌引领型社会责任管理模式" · 组织"红色基因　蓝色力量　绿色发展"故事大赛并编制专题文集，开通英、法、俄、阿四语种官方网站，荣获"2018 年度中国企业新媒体创新奖" · 举办"全国农村留守儿童关爱保护'百场宣讲进工地'活动"，直接受益家庭超过三万个 · 完成 2018 年度"中国建筑优秀社会责任实践"案例的征集与推广，引导所属企业不断提升社会责任意识与履责能力 · 位列"中国企业 300 强 2009—2018 十年社会责任发展指数"行业首位，2 项案例入编国务院国资委《中央企业社会责任蓝皮书（2018）》《中央企业海外社会责任蓝皮书（2018）》专题成果 · 荣获中国对外承包工程商会"领先型企业"称号，获第十一届中国企业社会责任峰会"社会责任海外履责奖" · 在 2017 年度中央单位定点扶贫工作成效考核中，荣获最高等次"好"的评价

2017 年	·推出责任年刊《不忘初心　牢记使命——红色基因　蓝色力量　绿色发展》 ·推出责任周年片《中建相册》 ·推出责任形象大使"中建蓝宝" ·开展"砥砺奋进　责任担当"主题摄影大赛、原创诗歌大赛、微视频大赛等活动 ·建设基于不同利益相关方信息需求、"三位一体"收集、分析、汇总的中国建筑融媒体平台 ·发布首份国别报告《刚果（布）国家一号公路项目社会责任报告》 ·《中国建筑股份有限公司 2016 可持续发展报告》连续第 5 次蝉联中国社科院五星级评级，获得"金蜜蜂 2016 优秀企业社会责任报告长青奖" ·英国著名品牌管理和评估独立顾问公司 Brand Finance 2016 年全球品牌价值 500 强排名中列第 44 位 ·荣获国务院国资委首届品牌建设优秀企业称号，公司被国务院国资委评为"中央企业品牌传播力十强" ·荣获中国外文局颁发的"最佳海外形象企业"奖项
2016 年	·在中国社会科学院《中国企业社会责任蓝皮书 2016》中国企业 300 强社会责任发展指数排名中列第 7 位，连续 5 年获五星级"卓越"评价，是获此评价的唯一建筑企业 ·编制《中国建筑社会责任工作指导手册》 ·《中国建筑股份有限公司 2015 可持续发展报告》连续第 4 次蝉联中国社科院五星级评级 ·公司连续 3 年被中国新闻社、中国新闻周刊评为"最具责任感企业" ·获得国务院扶贫办"定点扶贫先进集体" ·参加中国社会责任百人论坛分享责任年会 ·获得中国妇基会"中国妇女慈善奖"

2015 年	· 与中国社会科学院联合举办了"分享责任——中国企业社会责任公益讲堂"活动 · 继续同中国社会科学院合作，编制并发布《中国企业社会责任报告编写指南（CASS3.0）之地产行业指南》，彰显中国建筑行业影响力 · 编制发布《中国建筑社会责任工作指导手册》 · 开展优秀社会责任实践评比 · 获 2015 对外承包工程企业社会责任绩效评价领先型企业及社会责任最佳实践案例第一名 · 在中国社科院《中国企业社会责任蓝皮书 2014》中国企业 300 强社会责任指数排名中列第 8 位，获五星级"卓越"评价，是获此评价的唯一建筑企业 · 连续三年蝉联中国新闻社"最具责任感企业"称号，是获得该称号的唯一建筑企业 ·《中国建筑股份有限公司 2014 可持续发展报告》连续 3 年蝉联中国社科院五星级评级，位列中国上市公司社会责任信息披露榜 10 强 · 公司下属中国海外集团有限公司、中国海外发展有限公司、中国建筑国际集团有限公司等企业开始发布社会责任报告
2014 年	· 发布中国建筑行为规范《十典九章》 · 与中国社科院合作，编制并发布了《中国企业社会责任报告编写指南（CASS3.0）之建筑业指南》，标志着中国建筑社会责任指标管理体系正式上升为行业标准 · 开展《全球先进投资建设企业社会责任对标研究报告》 · 中国中央电视台、中国品牌建设促进会、中国国际贸易促进委员会等单位联合发布 2014 中国品牌价值评价信息，中国建筑股份有限公司企业品牌列建筑装饰行业榜首

2014 年	· 在国务院国资委举办的企业社会责任培训班上，公司作为三家（含国家电网、中广核）社会责任工作优秀企业之一作典型发言 · 制定社会责任信息管理系统构建方案，完成总部职能部门的社会责任指标信息化报表模板 · 《中国建筑情系农民工　拓展幸福凝聚动力》获评国务院国资委"中央企业优秀社会责任实践" · 《中国建筑股份有限公司 2013 可持续发展报告》获得中国社科院五星级评级 · 获得中国新闻社"最具责任感企业"称号，是获得该称号的唯一建筑企业
2013 年	· 落实国务院国资委"管理提升年"具体要求，开始社会责任信息系统建设，包括企业社会责任信息管理系统、企业社会责任管理在线视频培训系统和企业社会责任知识库系统 · 开展社会责任文化工作先进单位和个人评选 · 《中国建筑情系农民工　拓展幸福凝聚动力》获评国务院国资委"中央企业优秀社会责任实践案例" · 《中国建筑股份有限公司 2012 可持续发展报告》首次以"拓展幸福空间"为主题；展示了"文化引领型"社会责任推进模式，并获得中国社科院五星级评级，位列中国上市公司社会责任信息披露榜 10 强，获评"金蜜蜂 2013 优秀社会责任报告长青奖" · 获得中国新闻社"最具责任感企业"称号，是获得该称号的唯一建筑企业 · 正式发布《中国建筑社会责任指标管理手册》

续表

2012 年	·时值中国建筑工程总公司组建 30 周年之际，发布《中建信条》 ·构建以《中建信条》为核心的中国建筑企业文化体系，树立"拓展幸福空间"的崇高企业使命，开创了责任贯穿企业文化的先河 ·发布《中国建筑社会责任指标管理手册（试行稿）》 ·在"第八届中国企业社会责任国际论坛暨 2012 最具责任感企业颁奖典礼"上，获评"2012 最具责任感企业" ·《中国建筑股份有限公司 2011 可持续发展报告》获中国社会科学院企业社会责任研究中心四星半评级，列建筑行业第 1 位 ·《中国建筑股份有限公司 2011 可持续发展报告》蝉联"金蜜蜂 2012 优秀企业社会责任报告·领袖型企业" ·在第四届"上市公司社会责任报告高峰论坛暨授牌典礼"上，《中国建筑股份有限公司 2011 可持续发展报告》名列 A 股上市公司第 12 位，列建筑行业第 1 位 ·获得中国新闻社"最具责任感企业"称号，是获得该称号的唯一建筑企业
2011 年	·开展大规模企业文化核心的调研活动 ·《爱再生，在都江堰，我们一起重建！》项目入选国务院国资委"2011 中央企业优秀社会责任实践" ·《中国建筑股份有限公司 2010 年度可持续发展报告》获"金蜜蜂 2011 优秀企业社会责任报告领袖型企业" ·《中国建筑股份有限公司 2010 年度可持续发展报告》获中国社会科学院企业社会责任研究中心四星评级，列 17 位，列建筑行业第 1 位 ·入选英国品牌价值咨询公司 Brand Finance 发布的"全球最有价值 500 品牌" ·荣获人民网 2010 年度"人民社会责任奖" ·入围《财富》中国企业社会责任 100 排行榜——中国本土公司 50 强

2010 年	·公司响应国务院国资委鼓励中央企业发布社会责任报告的号召，发布首份可持续发展报告，成为当期发布报告的 55 家中央企业之一。报告获得利益相关方的好评 ·建立社会责任管理组织架构

参考文献

[1] 历年《中国建筑可持续发展报告》、中国建筑网站、中国建筑微信。

[2] 新时代中国建筑文化品牌丛书编委会. "红色基因、蓝色力量、绿色发展" 文集 [M]. 北京: 经济管理出版社, 2019.

[3] 殷格非. 企业社会责任管理解码责任竞争力 [M]. 郑州: 中国三峡出版社, 2014.

[4] 萨提亚·纳德拉. 刷新: 重新发现商业与未来 [M]. 北京: 中信出版集团, 2018.

[5] 殷格非等. 企业社会责任管理基础教程 [M]. 北京: 中国人民大学出版社, 2008.